Jorge Luiz Gonzaga

Dominando o PostgreSQL

(Incluindo Curso Completo da Linguagem SQL)

Dominando o PostgreSQL

Copyright© Editora Ciência Moderna Ltda., 2006

Todos os direitos para a língua portuguesa reservados pela EDITORA CIÊNCIA MODERNA LTDA.

De acordo com a Lei 9.610, de 19/2/1998, nenhuma parte deste livro poderá ser reproduzida, transmitida e gravada, por qualquer meio eletrônico, mecânico, por fotocópia e outros, sem a prévia autorização, por escrito, da Editora.

Editor: Paulo André P. Marques
Produção Editorial: Dilene Sandes Pessanha
Capa: Avatar Design
Diagramação: Avatar Design
Revisão: Camila Cabete Machado
Assistente Editorial: Daniele M. Oliveira:

Várias **Marcas Registradas** aparecem no decorrer deste livro. Mais do que simplesmente listar esses nomes e informar quem possui seus direitos de exploração, ou ainda imprimir os logotipos das mesmas, o editor declara estar utilizando tais nomes apenas para fins editoriais, em benefício exclusivo do dono da Marca Registrada, sem intenção de infringir as regras de sua utilização. Qualquer semelhança em nomes próprios e acontecimentos será mera coincidência.

FICHA CATALOGRÁFICA

Gonzaga, Jorge Luiz

Dominando o PostgreSQL

Rio de Janeiro: Editora Ciência Moderna Ltda., 2006.

Linguagem de programação

1. I — Título

ISBN: 9788573935592

CDD 001642

Editora Ciência Moderna Ltda.
R. Alice Figueiredo, 46 – Riachuelo
Rio de Janeiro, RJ – Brasil   CEP: 20.950-150
Tel: (21) 2201-6662/ Fax: (21) 2201-6896
E-MAIL: LCM@LCM.COM.BR
WWW.LCM.COM.BR

A todos os meus alunos e ex-alunos,
aos amigos e, com especial carinho,
à Silvia Costa Araujo.

SUMÁRIO

1. **INTRODUÇÃO** 1
    1.1   COMO UTILIZAR ESTE LIVRO 1
    1.2   CONHECENDO A HISTÓRIA DO POSTGRESQL 4
    1.3   REPORTANDO ERROS 4
    1.4   COMO SE MANTER ATUALIZADO SOBRE A EVOLUÇÃO DO POSTGRESQL NO MUNDO 4

2. **PREPARANDO SEU SERVIDOR PARA A INSTALAÇÃO DO POSTGRESQL NO LINUX** 5
    2.1   SISTEMA OPERACIONAL REQUERIDO 5
    2.2   SOFTWARE REQUERIDO 5
    2.3   HARDWARE REQUERIDO 6
    2.4   ARQUITETURA POSTGRESQL NO SISTEMA OPERACIONAL 7

3. **INSTRUÇÕES PARA INSTALAÇÃO** 9
    3.1   COMO OBTER O SEU BANCO DE DADOS POSTGRESQL 9
    3.2   PROCEDIMENTOS PARA MIGRAÇÃO 10
    3.3   PRIVILÉGIO PARA INSTALAÇÃO 11
    3.4   PROCEDIMENTOS PARA INSTALAÇÃO 11
        3.4.1 INSTALAÇÃO NA PLATAFORMA LINUX 11
        3.4.2 INSTALAÇÃO NO CLIENTE LINUX 17
        3.4.3 INSTALAÇÃO NA PLATAFORMA WINDOWS 17
    3.5   PROCEDIMENTOS A SEREM EXECUTADOS APÓS A INSTALAÇÃO 23
    3.6   REMOVER SEU SOFTWARE POSTGRESQL (ARQUIVOS) 23
    3.7   PLATAFORMA SUPORTADA PELO POSTGRESQL 24

4. Criando o Seu Banco de Dados 25

4.1 Criando o Cluster do Banco de Dados 25
4.2 Inicializando o Database Cluster (startup) 27
4.3 Shutdown no Database Cluster 29
4.4 Criando Seu Banco de Dados 29
4.5 Criando Seu Banco de Dados a Partir de um Template 31
4.6 Acessando Seu Banco de Dados 33
4.7 Como Remover Seu Banco de Dados 35

5. Administrando Tablespaces 37

5.1 Definindo Tablespaces 37
5.2 Criando Tablespaces 38
5.3 Alterando Tablespaces 38
5.4 Removendo Tablespaces 39
5.5 Exibindo Tablespaces 39
5.6 Usando o Usuário DBA para Criar a Tablespace do Nosso Banco 40

6. Administrando Grupo 41

6.1 Definição Grupo 41
6.2 Criando Grupo 41
6.3 Adicionando Usuário ao Grupo 41
6.4 Removendo Usuário do Grupo 42
6.5 Removendo Grupo 42
6.6 Exibindo Grupos do Banco de Dados 42
6.7 Com o Superusuario DBA Criamos os Grupos do Nosso Banco 42
6.8 O Objeto ROLE (criado na versão 8.2 do postgreSQL) 43

7. Administrando Usuário 45

7.1 Definição de Usuário 45
7.2 Criando Usuário 46
7.3 Alterando Atributos do Usuário 47
7.4 Removendo Usuário 48
7.5 Exibindo Usuário Corrente 48
7.6 Exibindo Usuários do Banco de Dados 48
7.7 Usando o Superusuário PostgreSQL para Criar Outros Usuários 49
7.8 Erros Comuns 49

8. Administrando Esquemas ... 51
8.1 Criando Esquema ... 51
8.2 Alterando Esquema ... 52
8.3 Removendo Esquema ... 53
8.4 Verificando e Definindo a Ordem de Pesquisa nos Esquemas ... 53
8.5 Com o Usuario DBA Criamos o Esquema usr_escola no Nosso Banco ... 53
8.6 Erros Comuns ... 54

9. Administrando Privilégios ... 55
9.1 Concedendo Privilégios ... 56
9.2 Revogando Privilégios ... 57
9.3 Com Usuário DBA Vamos Conceder Privilégio Total nas Tablespaces do Nosso Banco para o Usuário usr_escola ... 57
9.4 Com o Usuário usr_escola Vamos Exibir Informações Sobre Seus Privilégios ... 57

10. Definindo uma Nova Linguagem para Seu Database Cluster ... 59
10.1 Instalando uma Nova Linguagem ... 59
10.2 Removendo uma Linguagem Procedual no PostgreSQL ... 60

11. Definindo Configuração ... 61
11.1 Definindo a Data no Formato Dia-Mês-Ano ... 61
11.2 Exibindo Todas as Variáveis ... 61

12. Definindo os Principais Tipos de Dados ... 65
12.1 Tipo de Dado Array ... 67
12.2 Usando o Tipo de Dado Character ... 69
12.3 Usando o Tipo de Dado Varchar ... 70
12.4 Usando o Tipo de Dado Bytea ... 70
12.5 Usando o Tipo de Dado Boolean ... 70
12.6 Usando o Tipo de Dado Serial e Smallint ... 71
12.7 Usando o Tipo de Dado Cidr e Inet ... 72
12.8 Usando o Tipo de Dado Bit e Varying ... 72

13. Usando a Linguagem SQL de Consulta ... 73
13.1 Instrução SELECT Básica ... 73
13.1.1 Recuperando Todas as Colunas de uma Tabela ... 73
13.1.2 Recuperando Colunas Específicas ... 74
13.1.3 Operadores Aritméticos ... 74

VIII | Dominando o PostgreSQL

13.1.4 Definindo Precedência do Operador 75
13.1.5 Trabalhando com Valores Nulos 75
13.1.6 Definindo um Cabeçalho mais Indicativo para a Coluna
com um Apelido(alias) 76
13.1.7 Definindo Operador de Concatenação 76
13.1.8 Eliminando Linhas Duplicadas 77
13.1.9 Usando a Cláusula LIMIT 77
13.1.10 Usando a Cláusula LIMIT com OFFSET 78
13.1.11 Omitindo a Cláusula FROM 79
13.2 Usando a Cláusula WHERE 79
13.2.1 Operador de Comparação 80
13.2.2 Operador BETWEEN 81
13.2.3 Operador IN 81
13.2.4 Operador LIKE ou ~~ 82
13.2.5 Operador ILIKE ou ~~* 84
13.2.6 Operador SIMILAR TO 84
13.2.7 POSIX 86
13.2.8 Operador IS NULL 86
13.2.9 Operador Lógico AND 87
13.2.10 Operador Lógico OR 87
13.2.11 Operador NOT 88
13.2.12 Precedência dos Operadores Lógicos 89
13.3 Operadores de Conjuntos 90
13.3.1 Operador UNION e UNION ALL 90
13.3.2 Operador INTERSECT e INTERSECT ALL 91
13.3.3 Operador EXCEPT e EXCEPT ALL 91
13.4 Cláusula ORDER BY 92
13.4.1 Classificação Crescente 92
13.4.2 Classificação Decrescente 93
13.4.3 Classificação por Apelido 93
13.4.4 Classificação por Várias Colunas 94
13.4.5 Classificação por uma Coluna Invisível 95
13.4.6 Classificação Posicional 95
13.5 Expressão CASE 96
13.6 Usando o SELECT INTO 97

14. Usando a Linguagem SQL para Exibir Dados de Várias Tabelas (JOIN)
no Padrão ANSI SQL:1999 99

14.1 Produto Cartesiano 99
14.2 Natural Join 101
14.3 Join USING (Junções Idênticas ou Simples) 102
14.4 Join On 105
14.5 Join de Múltiplas Tabelas 106
14.6 Como Adicionar Condições na Cláusula JOIN 106
14.7 Non Equi Joins (Junções não idênticas) 107
14.8 Outer Joins (Junções externas) 108
    14.8.1 LEFT OUTER JOIN 109
    14.8.2 RIGHT OUTER JOIN 111
    14.8.3 FULL OUTER JOIN 113
    14.8.4 SELF JOIN 113

15. Funções de Grupo 115
15.1 Usando a Função de Grupo AVG 116
15.2 Usando a Função de Grupo COUNT(*) 116
15.3 Usando a Função de Grupo COUNT (coluna) 117
15.4 Usando a Função de Grupo MAX 117
15.5 Usando a Função de Grupo MIN 117
15.6 Usando a Função de Grupo SUM 118
15.7 Função STDDEV 118
15.8 Função VARIANCE 118

16. Funções de Data e Hora 119
16.1 Usando a Função CURRENT_DATE 119
16.2 Usando a Função CURRENT_TIME 119
16.3 Usando a Função CURRENT_TIMESTAMP 120
16.4 Usando a Função DATE_PART 120
16.5 Usando a Função DATE_TRUNC 120
16.6 Usando a Função EXTRACT 121
16.7 Usando a Função NOW() 122
16.8 Usando a Função TIMEOFDAY 122

17. Criando Grupos de Dados 123
17.1 Usando Cláusula GROUP BY em uma Coluna 123
17.2 Usando Cláusula GROUP BY em Várias Colunas 125
17.3 Usando a Cláusula GRUPO BY Sem a Coluna do GROUP BY
    na Lista SELECT 125

X | Dominando o PostgreSQL

17.4 Usando Cláusula HAVING 125
17.5 Usando GROUP BY Posicional 126
17.6 Usando a GROUP BY com a Expressão CASE 127
17.7 Erros Comuns 127

18. Subconsultas 129
18.1 Subconsulta de uma Única Linha 129
18.2 Usando a Cláusula HAVING com Subconsultas 131
18.3 Subconsulta de Várias Linhas 131
18.4 Subconsulta de Várias Colunas 133
18.5 Usando Subconsulta na Cláusula FROM 134
18.6 Usando Subconsulta Correlatas 135
18.7 Usando Subconsulta na Cláusula SELECT 136
18.8 Usando Subconsulta na Cláusula ORDER BY 137

19. Usando a Linguagem SQL de Manipulação de Dados 139
19.1 O Comando INSERT 139
19.1.1 Adicionando uma Nova Linha 139
19.1.2 Adicionando uma Nova Linha com Valores Nulos 140
19.1.3 Adicionando uma Nova Linha com Valores Especiais 140
19.1.4 Adicionando Novas Linhas a Partir de Outra Tabela 141
19.2 O Comando UPDATE 141
19.2.1 Atualizando uma Coluna na Tabela 142
19.2.2 Atualizando Várias Colunas na Tabela ao Mesmo Tempo ... 142
19.2.3 Atualizando uma Coluna na Tabela com Subconsulta 142
19.2.4 Erro Comum 142
19.3 O Comando DELETE 143
19.3.1 Removendo Linhas de uma Tabela 143
19.3.2 Removendo Linhas de uma Tabela a Partir de Outra Tabela ... 143
19.3.3 Erro Comum 143
19.4 O Comando SELECT FOR UPDATE 144

20. O Comando TRUNCATE 145

21. Criando e Gerenciando Tabelas 147
21.1 Criando Tabelas 147
21.2 Valor DEFAULT 148
21.3 Modificando Tabelas 149
21.3.1 Adicionando uma Nova Coluna 149

21.3.2 Eliminando uma Coluna 149
21.3.3 Adicionando uma Restrição de Integridade 150
21.3.4 Excluindo uma Restrição de Integridade 151
21.3.5 Modificando o Valor Default de uma Coluna 151
21.3.6 Modificando o Tipo de Dado de uma Coluna 152
21.3.7 Renomeando o Nome de uma Coluna 152
21.3.8 Alterando o Nome da Tabela 152
21.3.9 Eliminando uma Tabela 153
21.4 Definindo uma Nova Tabela a Partir do Resultado de uma Consulta 153

22. Definindo Restrições 155
22.1 A Restrição NOT NULL 155
22.2 A Restrição UNIQUE 156
22.3 A Restrição PRIMARY KEY 157
22.4 A Restrição FOREIGN KEY 157
22.5 A Restrição CHECK 161
22.6 Adicionando Restrições 162
22.6.1 Adicionando uma Restrição de Chave Primária 162
22.6.2 Adicionando uma Restrição de Chave Estrangeira 162
22.7 Removendo uma Restrição 163
22.7.1 Removendo a Restrição Chave Primária 163
22.7.2 Removendo a Restrição Chave Primária com a
Cláusula CASCADE 163

23. Gerenciando Visões (VIEW) 165
23.1 Por Que Usar Visões 165
23.2 Criando Visões 165
23.3 Recriando uma Visão 167
23.4 Excluindo uma Visão 167
23.5 Usando Visões 167

24. Seqüência 169
24.1 Criando uma Seqüência 170
24.2 Usando a Seqüência 170
24.3 Recuperando o Valor Atual da Seqüência Independente
da Função NEXTVAL 170
24.4 Extraindo Valores de uma Seqüência com NEXTVAL 171
24.5 Incluindo Valores Únicos numa Tabela com a Seqüência 172

Dominando o PostgreSQL

24.6 Modificando uma Seqüência 173
24.7 Excluindo uma Seqüência 173
24.8 Erro Comum 173

25. Usando Índices 175
25.1 Criando e Usando Índice B-tree 176
25.2 Criando Índice R-tree (Region Tree) 177
25.3 Criando Índice Hash 177
25.4 Excluindo um Índice 177
25.5 Reconstruindo o Índice 178

26. Usando o Comando COMMENT para Definir Comentário para Objetos 179
26.1 Criando um Comentário de Coluna e Tabela Respectivamente 180
26.2 Removendo o Comentário 180
26.3 Exibindo o Comentário 180

27. Funções em Linguagem SQL 181
27.1 Definindo Funções em Linguagem SQL 182
27.2 Funções com Passagem de Parâmetro 182
27.3 Funções que Retornam um Tipo de Dado Composto com uma Única Linha 183
27.4 Funções que Retornam um Conjunto de Dados com Várias Linhas 184
27.5 Funções Overloading 184
27.6 Verificando Funções no Dicionário de Dados do Banco de Dados 186

28. Funções em PL/PgSQL 187
28.1 A Vantagem de Usar PL/PGSQL 187
28.2 Estrutura do PL/PGSQL 188
28.3 Declaração de Variáveis 188
    28.3.1 Variável tipo ALIAS 188
    28.3.2 Variável Tipo INTERGER e VARCHAR 189
    28.3.3 Variável Tipo %TYPE 189
    28.3.4 Variável Tipo %ROWTYPE 190
    28.3.5 Variável Tipo RECORD 190
    28.3.6 Declaração RENAME 190
    28.3.7 Determinando Escopo da Variável 190
28.4 Expressões 191
28.5 Usando o Comando SELECT INTO Dentro das Funções 192
28.6 Usando o NULL 193

28.7 Controlando Estrutura em PL/PGSQL 193
    28.7.1 Estruturas Condicionais 193
    28.7.2 Estruturas de Repetição 194
    28.7.3 Estrutura de Repetição com Resultado de uma Consulta 197
28.8 Executando Comandos de Forma Dinâmica 198
28.9 Tratamento de Exceções 199

29. Triggers 203

30. Cursor 205
30.1 Declarando a Variável Cursor 205
30.2 Abrindo o Cursor 206
30.3 Lendo o Cursor 206
30.4 Fechando o Cursor 207

31. Transações 209

32. Backup e Restore 213
32.1 Backup 213
    32.1.1 Como Fazer Backup com PG_DUMP 214
32.2 Restore 217
    32.2.1 Como Restaurar Backup com PSQL 217
    32.2.2 Como Restaurar Backup com PG_RESTORE 217
32.3 Usando o Pg_dumpall 218
    32.3.1 Como Fazer Backup com PG_DUMPALL 218
    32.3.2 Como Restaurar Backup Feito com PG_DUMPALL Usando PSQL 218
32.4 Trabalhando com Grandes Volumes 218
    32.4.1 Como Fazer Backup com PG_DUMP de Grandes Volumes de Dados 218
    32.4.2 Como Restaurar Grandes Volumes 219

33. Usando o Comando COPY 221

34. Gerenciando o Espaço em Disco com o Comando VACUUM 223

35. Usando o Comando ANALYZE 225

36. WAL (Write-Ahead Logging) 227
36.1 Definindo o WAL 227
36.2 Benefícios do Wal 227

1

INTRODUÇÃO

1.1 - COMO UTILIZAR ESTE LIVRO

O Livro

Este livro dará a você a capacidade de instalar, criar, manipular e administrar o banco de dados PostgreSQL. Está incluído neste livro um curso de SQL ANSI avançado. Nosso objetivo é o aprendizado através de exemplos 100% práticos.

Público

Estudantes, Analistas e Programadores de Sistemas, Analista de Suporte, Administradores de Banco de Dados e Gerentes.

Projeto Lógico do Livro

No nosso livro, utilizaremos uma pequena base de dados (tabelas), desenvolvida para fins de estudo, assim como um grupo de tabelas avulsas.

Vejamos nossas tabelas e colunas:

TABELA	COLUNA	OBSERVAÇÃO
ALUNO	matrícula	Ch. Primária
	nome	
	endereco	
	bairro	
	dt_nascimento	
	sexo	

TABELA	COLUNA	OBESERVAÇÃO
DISCIPLINA	cod_disciplina	Ch. Primária
	descrição	
	num_créditos	
	cod_curso	Ch. estrangeira
	cod_disciplina_pre_requisito	Ch. Estrangeira para disciplina

TABELA	COLUNA	OBSERVAÇÃO
ALUNO_NA_DISCIPLINA	matrícula	Ch. Estrangeira
	cod_disciplina	Ch. Estrangeira
	período	
	nota_final	

OBS.: chave primária composta de matrícula, cod_disciplina e período

TABELA	COLUNA	OBSERVAÇÃO
CURSO	cod_curso	Ch. primária
	descrição	

TABELA	COLUNA	OBSERVAÇÃO
GRADE_CONCEITO	conceito	Ch. primária
	nota_inicial	
	nota_final	

```
Create table usr_escola.aluno
  (matricula        char(5) constraint pk_aluno primary key,
   nome             varchar(40)    not null,
   endereco         varchar(60),
   bairro           varchar(30),
   dt_nascimento    date,
   sexo             char(1)
   );

Create table usr_escola.disciplina
  (cod_disciplina          char(3)constraint pk_disciplina primary key,
   descricao               varchar(30)    not null,
   num_credito             smallint,
   cod_curso               char(3) constraint fk_disciplina_curso
                           references curso(cod_curso),
   cod_disciplina_requisito char(3) references disciplina (cod_disciplina)
   );

Create table usr_escola.aluno_na_disciplina
  (matricula        char(5) constraint fk_matricula references aluno,
   cod_disciplina char(3)  constraint  fk_código  references
   disciplina,
   periodo          date,
   nota_final       numeric(4,2),
   constraint pk_aluno_na_disciplina primary key (matricula,
   cod_disciplina,periodo)
   );

Create table usr_escola.curso
  (cod_curso        char(3) constraint pk_curso primary key,
   descricao        varchar(40)    not null
   );

Create table grade_conceito
  (conceito         char(1) constraint pk_conceito primary key,
   nota_inicial     numeric(4,2),
   nota_final       numeric(4,2),
   constraint ck_conceito check (conceito in('A','B','C','D','E'))
   );
```

1.2 - Conhecendo a História do PostgreSQL

PostgreSQL é um gerenciador de banco de dados objeto-relacional (ORDBMS) de código aberto,descendente do Postgres versão 4.2, desenvolvido na universidade da Califónia em Berkely.

Alguns de seus patrocinadores foram DARPA (Defense Advanced Research Projects Agency), ARO (Army Research Office) e NSF(National Science Foundation).

Em 1994, com a inclusão da linguagem SQL no Postgres, feita por Jolly Chen e Andrew Yu, levou a um novo nome chamado de Postgres95.

Com o grande avanço no desenvolvimento, com algumas partes do código sendo reescritas, com o tamanho das fontes sendo reduzidas em 25%, um esforço focado em confiabilidade e portabilidade, inclusões de novas funcionalidades e com a incorporação de pacotes Linux , a equipe percebeu a necessidade de mudar o nome, chegando então a conhecido PostgreSQL.

O PostgreSQL é robusto, confiável, rico em recursos, implementa características de orientação a objetos e suporta grande parte do SQL:2003.

1.3 - Reportando Erros

Por se tratar de um software aberto, é importante que os erros(bugs) sejam reportados para o grupo de discussão PostgreSQL.

De modo geral, os relatórios de erro devem ser enviados para a lista de discussão pqsql-bugs@postgresql.org ou pgsql-porst@postgresql.org.

Mais detalhes de onde e como relatar seus erros, na seção 14.7 do manual de documentação que você pode baixar do endereço http://www.postgresql.org.

1.4 - Como se Manter Atualizado Sobre a Evolução do PostgreSQL no Mundo

O página http://www.postgresql.org possui todas as informações necessárias.

2

Preparando o Servidor para a Instalação do PostgreSQL no Linux

2.1 - Sistema Operacional Requerido

Em geral, além do sistema operacional Windows, o PostgreSQL pode ser executado em qualquer plataforma Unix, Linux ou compatível. No site do PostgreSQL, ou no próprio manual de documentação, você encontra uma lista de plataformas já testadas pelos desenvolvedores.

2.2 - Software Requerido

É necessário o *make* que vem no pacote GNU, normalmente instalado com o sistema operacional Unix ou Linux. É recomendado a versão 3.7.1 ou superior. Use o comando seguinte para verificar se você já possui o GNU.

Caso você não possua o pacote, pode baixar do página http://www.gnu.org/order/ftp.html

```
PostgreSQL> gmake--version
GNU Make version 3.79.1, by Richard Stallman and Roland McGrath.
Built for i386-redhat-linux-gnu
Copyright (C) 1988, 89, 90, 91, 92, 93, 94, 95, 96, 97, 98, 99, 2000
Free Software Foundation, Inc.
This is free software; see the source for copying conditions.
There is NO warranty; not even for MERCHANTABILITY or FITNESS FOR
A PARTICULAR PURPOSE.

Report bugs to <bug-make@gnu.org>.
```

• É necessário o compilador "C" padrão ISO/ANSI. Versões recentes do GCC são recomendáveis.

• É necessário o utilitário gzip.

• A biblioteca Readline do GNU será usada por default, para edição de linha de comando e recuperação de histórico de comandos. Caso você não queira utilizá-la, deve usar a opção *without-readline* no comando configure.

• Opcionalmente, se você quiser usar a linguagem de programação PL/Perl, deverá ter feito uma instalação completa do Perl, incluindo os arquivos de header e a biblioteca libperl.

• Da mesma forma, se você quiser usar as linguagens PL/Python e PL/Tcl, também deverá ter os softwares das linguagens Python e Tcl instalados.

• Você deverá ter o Kerberos, OpenSSL e/ou o Pam instalados se quiser usar autenticação ou criptografia nestes serviços.

2.3 - HARDWARE REQUERIDO

Durante a compilação será necessário aproximadamente 65 MB, mais 15 MB para o diretório de instalação e 25 MB para o cluster.

2.4 - Arquitetura PostgreSQL no Sistema Operacional

No servidor, um processo server de segundo plano chamado Postmaster é iniciado com a finalidade de gerenciar os arquivos do database, aceitar conexões ao banco vindas das aplicações clientes e executar ações no banco para estes clientes.

As aplicações cliente podem ser diversas, variando de uma ferramenta orientada a texto, até uma aplicação gráfica, ou um servidor web que acessa o banco para publicar páginas web. Algumas aplicações cliente são disponibilizadas com a distribuição do PostgreSQL. A maioria, no entanto, é desenvolvida por terceiros.

O processo de usuário é a aplicação que origina as instruções SQL.

Para acessar um banco de dados PostgreSQL que esteja localizado em uma máquina remota, é preciso configurar variávies de ambiente no cliente. Assim, a variável de ambiente PGHOST deve receber o nome da máquina que roda o servidor de banco de dados, e a variável de ambiente PGPORT deve receber o número da porta em que o banco de dados roda naquele servidor.

O PostgreSQL pode tratar múltiplas conexões concorrentes de clientes. Para tal, ele dispara um novo processo para cada conexão. A partir daí, o cliente e o novo processo servidor se comunicam sem intervenção do processo post-master original, que fica, então, aguardando novas conexões de clientes.

3

INSTRUÇÕES PARA INSTALAÇÃO

3.1 - COMO OBTER O SEU BANCO DE DADOS POSTGRESQL

O software PostgreSQL pode ser obtido na página http://www.postgresql.org/download/ . Dê preferência ao "MIRROR", se possível.

No diretório de download você encontra arquivos como:

```
postgresql-XXX.tar.gz
postgresql-base-XXX.tar.gz
postgresql-opt-XXX.tar.gz
postgresql-docs-XXX.tar.gz
postgresql-test-XXX.tar.gz
```

O arquivo de nome postgresql-XXX.tar.gz corresponde à distribuição fonte completa. Cada um dos outros quatro arquivos menores contém um subconjunto dos arquivos da distribuição completa, apenas para facilitar o download. Se você fizer o download dos quatro arquivos menores e descompactá-los no mesmo diretório, terá um conjunto exatamente igual ao que teria se tivesse feito o download da distribuição completa.

O pacote – base é o único que é requerido para uma instalação com sucesso. Ele contém o servidor e as interfaces essenciais de cliente.

O pacote – opt contém todas as partes cuja compilação tem que ser habilitada explicitamente, incluindo as interfaces C++, JDBC, ODBC, Perl, Python e Tcl, e também o suporte multibyte.

O pacote – docs contém a documentação em formato HTML (a documentação no formato de páginas man está no pacote –base) e os fontes de documentação. Você não precisa fazer o download deste pacote se for usar a documentação disponível na web.

3.2 - Procedimentos para Migração

Se você está usando uma versão anterior à "8.0.X", e considerando que você usou a localização default do diretório na instalação (/usr/local/pgsql e /usr/local/pgsql/data), faça o procedimento a seguir para sua migração.

1. Desative o acesso de qualquer usuário ao banco, editando o arquivo /usr/local/pgsql/data/pg_hba.conf(ou equivalente) e retirando ou comentando(#) a linha correspondente ao ip de cada usuário. Este procedimento garante que o banco de dados não sofrerá atualização durante todo o processo de migração, permanecendo de forma íntegra.

2. Faça um backup do seu banco de dados.

```
primeiro_banco=# pg_dumpall > arquivo_de_saída
```

3. Se você estiver instalando a versão nova no mesmo local da versão antiga, feche o servidor antigo antes de instalar os novos arquivos.

```
PostgreSQL> pg_ctl stop
```

De preferência, mova a instalação antiga para outro diretório, caso precise reverter a migração.

```
mv /usr/local/pgsql  /usr/local/pgsql.old
```

4. Após ter instalado a versão nova, crie um novo diretório de banco de dados e inicie o novo servidor.

```
/usr/local/pgsql/bin/initdb  -D  /usr/local/pgsql/data
/usr/local/pgsql/bin/postmaster  -D /usr/local/pgsqld/data
```

5. Finalmente, faça um restore de seus dados usando o novo pSQL.

```
/usr/local/pgsql/bin/psql  -d template1 -f arquivo-de-saída
```

3.3 - Privilégio para Instalação

O PostgreSQL pode ser instalado por qualquer usuário sem privilégios, porque nenhum acesso de super-usuário (root) é necessário.

3.4 - Procedimentos para Instalação

3.4.1 - Instalação na Plataforma Linux

1. Descompactando o arquivo .gz e .tar. Será criado um diretório com o nome do arquivo.

```
PostgreSQL> gunzip postgresql-8.1.1.tar.gz
    PostgreSQL> ls -l
    rw-r—r—  1 postgres postgres 59279360 May 12 17:46
    postgresql-8.1.1.tar

PostgreSQL> tar xf postgresql-8.1.1.tar
PostgreSQL> ls -l
drwxrwxr-x   6 postgres postgres    4096 May 9 23:17
postgresql-8.1.1
-rw-r—r—  1 postgres postgres 59279360 May 12 17:46
postgresql-8.1.1.tar


PostgreSQL> cd postgresql-8.1.1
PostgreSQL> ls -l
total 1008
-rw-r—r—  1 postgres postgres    445 Apr 23 2004 aclocal.m4
drwxrwxr-x 2 postgres postgres   4096 May 9 23:16 config
-rwxr-xr-x 1 postgres postgres  569479 May 5 17:07 configure
```

```
-rw-r—r—      1 postgres postgres    42177 May 5 17:07 configure.in
drwxrwxr-x   50 postgres postgres    4096 May 9 23:16 contrib
-rw-r--r—     1 postgres postgres    1192 Dec 31 19:58 COPYRIGHT
drwxrwxr-x    4 postgres postgres    4096 May 9 23:16 doc
-rw-r—r—      1 postgres postgres    3447 Oct 6 2004 GNUmakefile.in
-rw-r—r—      1 postgres postgres    322456 May 9 23:16 HISTORY
-rw-r—r—      1 postgres postgres    43424 May 9 23:16 INSTALL
-rw-r—r—      1 postgres postgres    1412 Oct 6 2004 Makefile
-rw-r—r—      1 postgres postgres    1375 Sep 30 2004 README
drwxrwxr-x   16 postgres postgres    4096 May 9 23:17 src
```

2. Configurando arquivos no subdiretório criado pelo comando anterior,
   use o comando ./configure para definir a árvore de localização do seu
   sistema de arquivos no sistema operacional. Você pode verificar, depois
   de rodar ./configure, no arquivo config.log, as mensagens geradas na
   execução do ./configure. O diretório default que será configurado, caso
   não seja informado, é /usr/local/pgsql. Não podemos esquecer de que
   o diretório deve existir e o usuário que estiver executando o comando
   deve ter permissão de gravação.

   O exemplo seguinte mostra os novos arquivos criados após a execução.

```
./configure
PostgreSQL> ls -l
total 1180
-rw-r—r—      1 postgres postgres    445 Apr 23 2004 aclocal.m4
drwxrwxr-x    2 postgres postgres    4096 May 9 23:16 config
-rw-rw-r—     1 postgres postgres    106535 May 27 21:39 config.log
-rwxrwxr-x    1 postgres postgres    51531 May 27 21:39 config.status
-rwxr-xr-x    1 postgres postgres    569479 May 5 17:07 configure
-rw-r—r—      1 postgres postgres    42177 May 5 17:07 configure.in
drwxrwxr-x   50 postgres postgres    4096 May 9 23:16 contrib
-rw-r—r—      1 postgres postgres    1192 Dec 31 19:58 COPYRIGHT
drwxrwxr-x    4 postgres postgres    4096 May 9 23:16 doc
-rw-rw-r—     1 postgres postgres    3447 May 27 21:39 GNUmakefile
-rw-r—r—      1 postgres postgres    3447 Oct 6 2004 GNUmakefile.in
-rw-r—r—      1 postgres postgres    322456 May 9 23:16 HISTORY
-rw-r—r—      1 postgres postgres    43424 May 9 23:16 INSTALL
-rw-r—r—      1 postgres postgres    1412 Oct 6 2004 Makefile
-rw-r—r—      1 postgres postgres    1375 Sep 30 2004 README
drwxrwxr-x   16 postgres postgres    4096 May 27 21:39 src
```

Para aquele que deseja customizar o processo de instalação, as principais
opções para o comando configure são:

-- prefix=PREFIX

Instala todos os arquivos embaixo do diretório especificado em PREFIX. Os arquivos serão instalados em subdiretórios embaixo de PREFIX e nunca diretamente neste diretório. Caso você tenha muita necessidade, poderá também ,através das opções a seguir, mudar o local destes subdiretórios. Contudo, se você deixá-los com seus valores default, a instalação será relocável, ou seja, você poderá mover o diretório após a instalação. Para uma instalação relocável, você deverá usar a opção --disable-rpath do configure e informar ao sistema operacional como este encontrará as shared libraries.

-- exec-prefix=EXEC-PREFIX

Define um prefixo diferente de PREFIX para a instalação de arquivos dependentes de arquitetura.

Como resultado teremos a possibilidade de compartilhamento entre hosts dos arquivos independente da arquitetura. Por default, sua localização é igual ao diretório definido no PREFIX.

-- bindir=DIRETÓRIO

Define a localização da instalação dos programas executáveis. O default é o diretório definido no EXEC-PREFIX/bin.

-- datadir= DIRETÓRIO

Define a localização da instalação dos arquivos de dados (somente leitura) usado pelos programas instalados. Vale lembrar que nós não estamos mudando a localização dos arquivos do seu banco de dados. O default é o diretório definido no PREFIX/share.

-- sysconfdir= DIRETÓRIO

Define a localização da instalação de vários arquivos de configuração. O default é o diretório definido no PREFIX/etc.

-- libdir= DIRETÓRIO

Define a localização da instalação das bibliotecas e dos módulos carregados dinamicamente. O default é o diretório definido no EXEC-PREFIX/lib.

-- includedir= DIRETÓRIO

Define a localização da instalação dos headers dos arquivos do C ou C++. O default é o diretório definido no PREFIX/include.

-- mandir= DIRETÓRIO

Define a localização da instalação do arquivo de help que vem junto com o PostgeSQL. O default é o diretório definido no PREFIX/man.

-- with-docdir= DIRETÓRIO
-- without-docdir

Define a localização da instalação do arquivo de documentação. O default é o diretório definido no PREFIX/doc. Se a opção --without-docdir for especificada, a documentação não será instalada.

-- with includes=DIRETÓRIOS

Define a lista de diretórios, separados por vírgula, onde o compilador irá adicionalmente pesquisar por arquivos de header.

-- with-libraries=DIRETÓRIOS

Define a lista de diretórios, separados por vírgula, onde as bibliotecas serão pesquisadas.

-- enable-nls=LINGUAGENS

Define a lista de idiomas, separados por vírgula, a serem instalados além do idioma Inglês. Se você não especificar, todas as linguagens disponíveis são instaladas.

-- with-pgport=NUMBER

Configura a porta default (5432) para servidor e o cliente. Se a porta for definida neste parâmetro, você terá a mesma configuração compilada no cliente e no servidor. Em situações que você tenha mais de uma instalação do banco PostgreSQL na mesma máquina, é recomendado o uso de portas diferentes.

-- with-perl

Habilita o uso da linguagem PL/Perl no servidor.

-- with-python

Habilita o uso da linguagem PL/Python no servidor.

-- with-tcl

Habilita o uso da linguagem PL/Tcl no servidor.

-- with-tclconfig=DIRETÓRIO

Define a localização do arquivo tclconfig.sh que contém informações necessárias à construção de módulos para interface com Tcl.

-- with-krb4
-- with-krb5

Define o suporte para a autenticação com Kerberos. Você pode usar Kerberos versão 4 ou 5, mas não ambos. Em muitos sistemas, o Kerberos é instalado em diretórios que não são pesquisados por default, então você deve usar as opções:

-- with-includes e –with-libraries
-- with-krb-srvnam=NAME

Define o nome do serviço principal do Kerberos. O default é postgres e não há motivos para mudá-lo.

-- wih-openssl

Habilita conexão com suporte para SSL. Para isto, é necessário que o pacote OpenSSL esteja instalado.

-- with-pam

Habilita o suporte ao módulo de autenticação usando PAM.

-- without-readline

Desabilita o uso do histórico dos comandos de linha. Não é recomendado.

-- with-rendezvous

Recomenda para uso no sistema operacional Mac X OS.

-- disable-spinlocks

Permite que o PostgreSQL seja instalado mesmo com uma CPU de performance inferior a recomendada para aquela plataforma.

-- enable-thread-safety

Faz com que as bibliotecas de cliente possam ser rodadas em modo thread.

-- without-zlib

Desabilita o uso dos arquivos compactados nos utilitários pg_dump e pg_restore.

-- enable-debug

Habilita o controle de dependência dos módulos. Ou seja, quando um arquivo de header for atualizado, todos os objetos afetados também serão compilados. Compila todos os programas e bibliotecas com símbolos de debug, permitindo uma melhor visualização dos problemas quando estes aparecerem.

-- enable-cassert

Permite um maior controle de testes feitos sobre o servidor. Só deve se usado em ambiente de desenvolvimento.

No comando configure é possível alterar a variável de ambiente que define o compilador c. Se você deseja usar um compilador difente do compilador c, que é o default, especifique a variável cc no comando.

Ex: ./configure cc=/opt/bin/gcc

1. Construindo a árvore de localização

   Após configurar os arquivos que definem o seu ambiente, use o comando gmake para implementar a configuração. Este comando pode levar de 5 à 30 min de acordo com o seu hardware.

2. Como testar se sua configuração está de acordo

   Use o comando gmake check, se você deseja testar sua configuração antes da instalação do seu software PostgreSQL. O comando verifica se a você deve rodar este comando a partir de um usuário não-privilegiado. Não use o root.

3. Instalando o software PostgreSQL (arquivos)

O comando gmake install instalará o software PostgreSQL no diretório que você especificou no passo anterior.

È importante que você se certifique se seu usuário no sistema operacional possui direito de gravação nos diretórios especificados.

```
PostgreSQL>gmake install
A mensagem "PostgreSQL installation complete" será exibida.

PostgreSQL> cd /usr/local/pgsql
PostgreSQL> ls -l
total 24
drwxrwxr-x  2 postgres postgres  4096 May 27 22:55 bin
drwxrwxr-x  3 postgres postgres  4096 May 27 22:42 doc
drwxrwxr-x  6 postgres postgres  4096 May 27 22:54 include
drwxrwxr-x  3 postgres postgres  4096 May 27 22:55 lib
drwxrwxr-x  4 postgres postgres  4096 May 27 22:42 man
drwxrwxr-x  3 postgres postgres  4096 May 27 22:55 share
```

3.4.2 - Instalação no Cliente Linux

Se você quer instalar somente aplicações clientes e biblioteca de interface, use os comandos a seguir:

```
gmake -C src/bin        install

gmake -C src/include    install

gmake -C src/interface  install

gmake -C doc            install
```

3.4.3 - Instalação na Plataforma Windows

Na plataforma Windows o PostgreSQL é suportado para Windows 2000,XP,2003 e posteriores. E também deve possuir sistema de arquivos NTFS. Para sua instalação com sucesso siga os passos apresentados nas imagens seguintes.

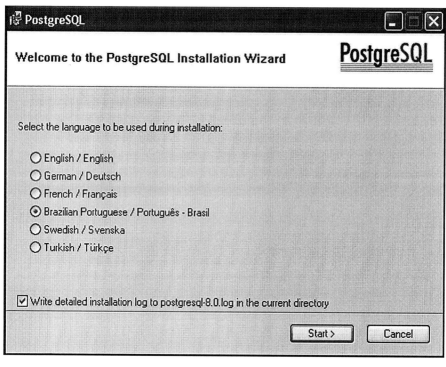

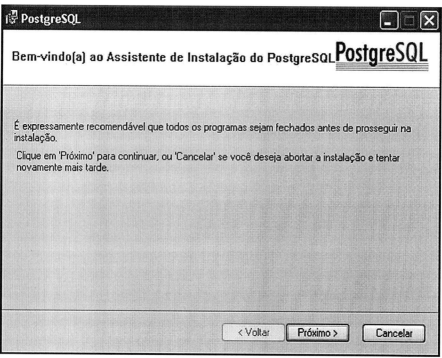

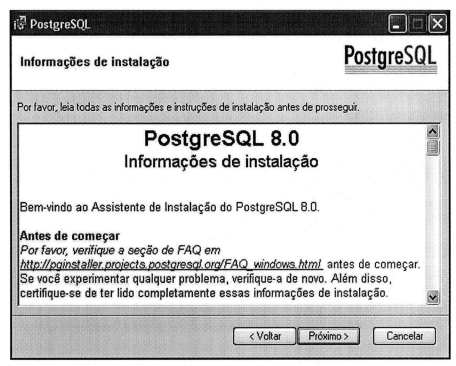

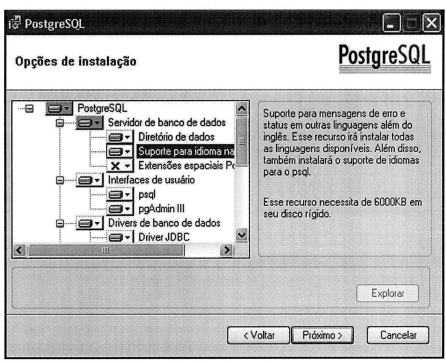

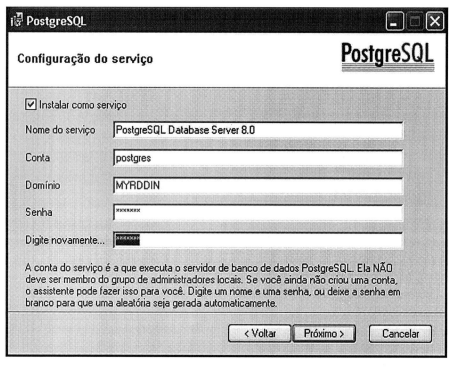

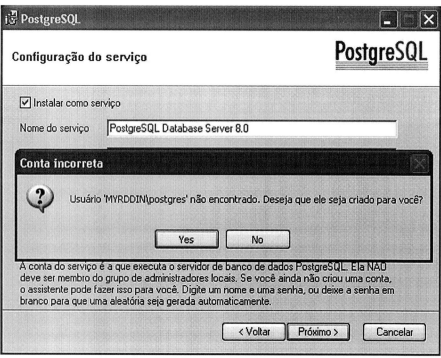

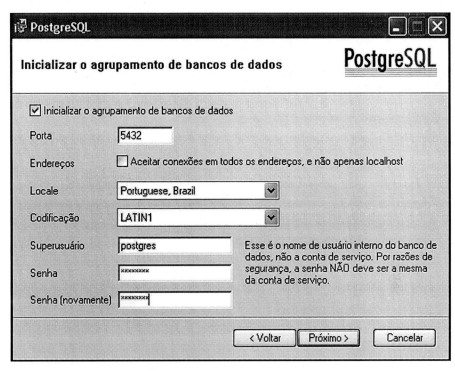

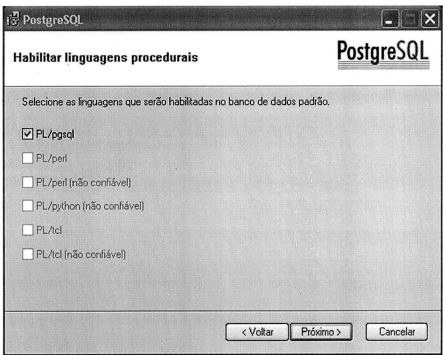

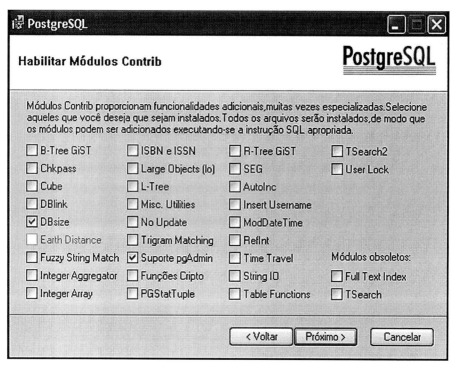

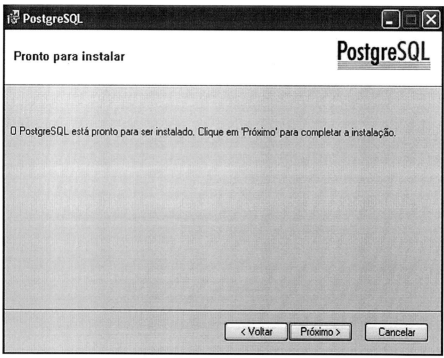

3.5 - Procedimentos a Serem Executados Após a Instalação

Se mesmo depois de você ter definido e configurado a localização de suas bibliotecas e variáveis, o seu sistema continuar apresentando problemas de localizar estas variáveis, ou se você deseja definir uma nova localização. Se seu sistema apresentar problemas para encontrar suas bibliotecas e variáveis, ou se você desejar definir uma nova localização e sobrepor a definida no instalação, altere estas variáveis de ambiente a nível do sistema operacional.

Para realizar o procedimento, altere o seu .profile ou .bash_profile, dependendo do seu sistema operacional.

```
LD_LIBRARY_PATH=/usr/local/pgsql/lib
export LD_LIBRARY_PATH
```

Se a instalação do software ocorreu em um local onde os programas não buscam por default, este local (determinado por --bindir) deve ser adicionado à variável de ambiente PATH:

```
PATH=/usr/local/pgsql/bin:$PATH
export PATH
```

Para permitir que o sistema encontre a documentação man, as seguintes linhas deverão ser adicionadas ao start-up:

```
MANPATH=/usr/local/pgsql/man:$MANPATH
export MANPATH
```

Para informar a localização física do seu database cluster:

```
PGDATA=/usr/local/pgsql/data
export PGDATA
```

3.6 - Removendo o Software PostgreSQL (Arquivos)

Use o comando gmake uninstall para desinstalar seu software. Entretanto este procedimento não remove a árvore de diretórios.

Para desfazer a instalação use o comando gmake uninstall. Este comando, entretanto, não removerá nenhum dos diretórios criados.

```
PostgreSQL> gmake uninstall
PostgreSQL> ls -l
total 24
drwxrwxr-x   2 postgres postgres    4096 May 30 11:50 bin
drwxrwxr-x   3 postgres postgres    4096 May 27 22:42 doc
drwxrwxr-x   6 postgres postgres    4096 May 30 11:49 include
drwxrwxr-x   3 postgres postgres    4096 May 30 11:50 lib
drwxrwxr-x   4 postgres postgres    4096 May 27 22:42 man
drwxrwxr-x   3 postgres postgres    4096 May 30 11:49 share
PostgreSQL> cd bin
PostgreSQL> pwd
/usr/local/pgsql/bin

PostgreSQL> ls -l
total 0
```

Use o comando gmake clean para remover apenas a configuração que define a árvore de localização do seu sistema de arquivos no sistema operacional.

3.7 - Plataforma Suportada pelo PostgreSQL

As plataformas suportadas pelo PostgreSQL podem ser consultadas, em sua listagem atualizada, no manual do banco de dados

4

CRIANDO O SEU BANCO DE DADOS

4.1 - CRIANDO O CLUSTER DO BANCO DE DADOS

O primeiro passo a ser executado no servidor é inicializar a área do armazenamento do banco de dados no disco, chamada de Database Cluster. O Database Cluster é uma coleção de bancos de dados gerenciados por uma instância única de um servidor. Após a sua inicialização, o Database Cluster conterá um banco de dados chamado Template1, que como o nome diz, será usado como modelo para a criação de bancos de dados subseqüentes.

No sistema operacional, o Database Cluster corresponderá a um diretório embaixo do qual todos os dados ficarão armazenados, Este diretório é chamado de Data Directory (Diretório de Dados) ou Data Área (Área de Dados). Embora fique à escolha do cliente a localização do Diretório de Dados, alguns locais comumente usados são /usr/local/pgsql/data ou /var/lib/pgsql/data.

Para inicializar o Database Cluster, use o comando Initdb, que é instalado com o PostgreSQL.

```
PostgreSQL> initdb
```

Se desejar informar a localização física onde seu Database Cluster (sistema de arquivos) será inicializado (criado), indique a opção –D. Esta opção pode ser configurada também usando a variável de ambiente PGDATA. Se o diretório especificado não existir, o Initdb tentará criar. Se existir, deve obrigatoriamente estar vazio para qua a criação do cluster tenha sucesso.

```
PostgreSQL> initdb -D /usr/local/pgsql/data
The files belonging to this database system will be owned by
user "postgres".
This user must also own the server process.

The database cluster will be initialized with locale en_US.iso885915.
The default database encoding has accordingly been set to LATIN9.

creating directory /usr/local/pgsql/data ... ok
creating directory /usr/local/pgsql/data/global ... ok
creating directory /usr/local/pgsql/data/pg_xlog ... ok
creating directory /usr/local/pgsql/data/pg_xlog/archive_status ... ok
creating directory /usr/local/pgsql/data/pg_clog ... ok
creating directory /usr/local/pgsql/data/pg_subtrans ... ok
creating directory /usr/local/pgsql/data/base ... ok
creating directory /usr/local/pgsql/data/base/1 ... ok
creating directory /usr/local/pgsql/data/pg_tblspc ... ok
SELECTing default max_connections ... 100
SELECTing default shared_buffers ... 1000
creating configuration files ... ok
creating template1 database in /usr/local/pgsql/data/base/1 ... ok
initializing pg_shadow ... ok
enabling unlimited row size for system tables ... ok
initializing pg_depend ... ok
creating system views ... ok
loading pg_description ... ok
creating conversions ... ok
setting privileges on built-in objects ... ok
creating information schema ... ok
vacuuming database template1 ... ok
copying template1 to template0 ... ok

WARNING: enabling "trust" authentication for local connections
You can change this by editing pg_hba.conf or using the -A
option the next time you run initdb.

Success. You can now start the database server using:

postmaster -D /usr/local/pgsql/data
or
pg_ctl -D /usr/local/pgsql/data -l logfile start
```

Como o diretório do Database Cluster conterá todos os dados armazenados no banco de dados, o próprio Initdb se encarregará de tornar o usuário PostgreSQL o único a poder acessar o diretório.

```
PostgreSQL> ls -l /usr/local/pgsql/data
total 48
drwx——  4 postgres postgres  4096 May 30 12:56  base
drwx——  2 postgres postgres  4096 May 30 12:56  global
drwx——  2 postgres postgres  4096 May 30 12:56  pg_clog
-rw——   1 postgres postgres  3405 May 30 12:56  pg_hba.conf
-rw——   1 postgres postgres  1460 May 30 12:56  pg_ident.conf
drwx——  2 postgres postgres  4096 May 30 12:56  pg_subtrans
drwx——  2 postgres postgres  4096 May 30 12:56  pg_tblspc
-rw——   1 postgres postgres  4 May 30 12:56  PG_VERSION
drwx——  3 postgres postgres  4096 May 30 12:56  pg_xlog
-rw——   1 postgres postgres  11061 May 30 12:56 postgresql.conf
```

Caso haja a possibilidade dos usuários acessarem localmente o servidor de banco de dados, recomenda-se usar as opções –W, ou --pwprompt, ou —pwfile do comando initdb para atribuir uma senha ao superusuário.

Você pode definir o código de caracter para o banco de dados, quando ele é criado, definindo a opção –E ou –encoding no comando initdb. Esta opção determina o código para o banco template1.

```
PostgreSQL> initdb -E latin9
```

Definindo o nome do superusuário para o banco de dados:

```
PostgreSQL> initdb -U superpostgres
```

Você pode verificar o caracter do seu banco de dados da seguinte forma:

```
PostgreSQL>psql -l   ou
primeiro_banco=>\list
```

4.2 - Inicializando o Database Cluster (startup)

O database cluster é um programa chamado postmaster. Como o postmaster precisa saber o diretório onde o banco de dados a ser inicializado foi criado, você deve informar o diretório no próprio comando(opção –D) ou configurar a variável de ambiente PG_DATA.

A melhor maneira de inicializar o postmaster é no modo background. O comando abaixo inicializa a nível de S. O. o postmaster em background(&)

a) Inicializando o postmaster em modo background

```
PostgreSQL> postmaster -D /usr/local/pgsql/data &
ou
PostgreSQL>pg_ctl -D /usr/local/pgsql/data start
```

b) Inicializando o postmaster em modo background na porta 5000

```
PostgreSQL> postmaster -D /usr/local/pgsql/data -p 5000 &
```

c) Inicializando o postmaster no modo silencioso na porta 5000

```
PostgreSQL>postmaster -p 5000 -S &
[1] 13865
```

Você pode verificar os serviços em background com o seguinte procedimento:

```
PostgreSQL> ps -ax|grep post
ou
PostgreSQL> ps -ef|grep postmaster
postgres  9353 1460 0 15:21 pts/0  00:00:00 postmaster -D /
                                            usr/local/pgsql/d
postgres  9355 9353 0 15:21 pts/0  00:00:00 postgres:
                                            writer process
postgres  9356 9353 0 15:21 pts/0  00:00:00 postgres: stats
                                            buffer process
postgres  9357 9356 0 15:21 pts/0  00:00:00 postgres: stats
                                            collector proces
postgres  9358 1460 0 15:21 pts/0  00:00:00 ps -ef
```

Você pode customizar ainda mais o seu database cluster, no momento da inicialização, usando outras opções como:

– B nbuffers

Número de buffers usado pelo processo. O valor default é escolhido automaticamene pelo initdb

– h hostname

Especifica a lista de ips ou host dos clientes no qual o databse cluster(postmaster) aceitará conexão. Os IPs devem ser separados por espaço em branco ou ser especificado como "*", para permitir conexão de qualquer cliente. O default aceita conexão apenas do localhost.

Esta opção equivale ao parâmetro listen_addresses do arquivo de configuração postgresql.conf.

– n max-connections

Especifica o número máximo de conexões clientes que o postmaster aceitará. O default são 32 conexões.

Esta opção equivale ao parâmetro max_connections do arquivo de configuração postgresql.conf.

– S

Especifica que a inicialização do processo postmaster deve ser feito de modo silencioso. Ou seja, todas as mensagens serão redirecionadas para /dev/ null, ao invés de serem exibidas na tela.

4.3 - Shutdown no Database Cluster

a) Parando seu database cluster.

```
PostgreSQL>pg_ctl stop
LOG:   received smart shutdown request
LOG:   shutting down
waiting for postmaster to shut down....LOG: database system
is shut down
 done
postmaster stopped
```

4.4 - Criando seu Banco de Dados

No sistema operacional, execute o comando createdb para criar um novo Banco de Dados. O exemplo abaixo cria um novo Banco de Dados chamado primeiro_banco.

```
PostgreSQL> createdb primeiro_banco
CREATE DATABASE
```

O usuário corrente automaticamente torna-se o dono do novo banco de dados, e poderá removê-lo quando quiser.

Para criar um banco de dados para outro usuário que não o corrente, é preciso primeiro ser um superusuário. Em seguida, executa-se um dos seguintes comandos:

```
PostgreSQL> createdb -O outro_usuario primeiro_banco
CREATE DATABASE
```

ou ainda,

```
template1=# create database primeiro_banco owner outro_usuario;
CREATE DATABASE
```

Criando o banco de dados chamado primeiro_banco, com caracter LATIN1 na porta 5000

```
PostgreSQL>createdb -E LATIN1 -p 5000 primeiro_banco
CREATE DATABASE
```

Se o executável createdb não for encontrado, recomendamos que você volte ao capítulo 3.5 e reconfigure suas variáveis de ambiente ou informe o caminho absoluto do executável.

```
PostgreSQL> /usr/local/pgsql/bin/createdb primeiro_banco
```

Se a mensagem abaixo for exibida, significa que o serviço do software PostgreSQL não foi inicializado, ou que não foi inicializado onde o executável Createdb esperava que fosse.

```
Fig 4.2_c could not connect to server
          Connection refused
```

Se a mensagem abaixo for apresentada, significa que o seu usuário não possui autorização para criar novos bancos de dados. Então, conceda permissão para poder criar banco de dados ou use o mesmo usuário utilizado para iniciar o software PostgreSQL.

```
template1=> create database primeiro_banco;
ERROR:   permission denied to create database
ERROR:   permission denied to create database
```

O PostgreSQL permite a criação de vários bancos de dados em uma instalação. O nomes dos bancos de dados devem ter um primeiro caractere alfabético e chegando ao tamanho máximo de 63 caracteres.

No comando abaixo, como o nome do banco não foi informado, o sistema cria um banco de dados com o mesmo nome do usuário corrente do sistema operacional.

```
PostgreSQL> createdb
CREATE DATABASE
```

Quando você executa o utilitário createdb no sistema operacional, ele conecta-se em um banco de dados chamado Template1 e executa o comando SQL create database. O que acontece é que quando um novo banco de dados é criado, o banco de dados Template1 é usado como modelo(clone). Isto significa dizer que, toda mudança feita no banco de dados Template1 será propagada para todos os novos bancos de dados. Sendo assim, tenha certeza de qualquer mudança no Template1. O banco de dados Template1 é sempre usado pelo comando Initdb.

Uma outra maneira de criar seu banco de dados é diretamente usando o comando SQL create database. Contudo, neste caso, você necessita estar conectado em algum banco . O banco de dados Template1 é uma boa opção.

4.5 - Criando seu Banco de Dados a Partir de um Template

O sgbd PostgreSQL sempre cria em sua instalação um banco de dados chamado Template1. Por default, todo novo banco de dados é criado a partir de uma cópia do banco Template1. Toda modificação feita no Template1, terá ação direta nos novos bancos de dados. Se você instalar a linguagem de programação procedural pl/pgsql no seu banco de dados Template1, automaticamente, esta linguagem estará presente nos novos bancos de dados.

Existe um outro banco de dados criado na instalação do sgbd PostgreSQL chamado Template0. Este banco contém a mesma estrutura inicial do Template1. É recomendado, que não faça alteração no banco de dados do Template0. Ele é sua garantia de se criar um novo banco usando uma cópia virgem, livre de qualquer modificação de usuário.

O banco Template0 é usado em situações de recuperação de um outro banco, usando o utilitário pg_dump. Isto é ideal, pois você pode restaurar um backup sobre uma estrutura virgem (Template0), livre de conflitos com alterações feitas pelo administrador. O comando abaixo cria um novo banco de dados a partir do Template0.

```
template1=# CREATE DATABASE primeiro_banco WITH template = template0;
CREATE DATABASE

PostgreSQL> createdb -t template0 primeiro_banco
CREATE DATABASE
```

Na tabela pg_database do sgbd PostgreSQL possui as colunas datistemplate e datallowconn que, se modificadas, interferem diretamente no uso dos bancos Template0 e Template1.

Se a coluna datistemplate possui o flag ligado, significa que os bancos de dados Template0 e Template1 podem ser clonados por qualquer usuário com privilégio de criar banco (createdb). Se não, somente usuários e o proprietário do banco poderão clonar.

Se a coluna datallowconn possuir o flag ligado, significa que o banco Template0 e Template1 permitem novas conexões e modificações enquanto está sendo clonado. Se não, nenhuma nova conexão é permitida, apesar de que todas as conexões iniciadas antes do flag ser setado para falso continuam ativas.

Para prevenir modificações o banco Template0 normalmente está com o datallowconn=false. O ideal é que os bancos Template0 e Template1 possuam o datistemplate=true para permitir ser clonado por qualquer usuário com privilégio de criar banco.

4.6 - Acessando Seu Banco de Dados

Uma vez tendo criado o banco de dados, este poderá ser acessado de várias formas:

a) Através do programa psql, que permite ao usuário interagir com o PostgreSQL, entrando, editando e executando comandos SQL.

b) Usando um frontend gráfico como PgAccess ou uma suite de Office com suporte ODBC.

c) Através de uma aplicação construída para este fim.

Para usar o psql acessando um banco de dados chamado primeiro_banco, digite o seguinte:

```
PostgreSQL> psql primeiro_banco
Welcome to psql 8.1.1, the PostgreSQL interactive terminal.

Type: \copyright for distribution terms
      \h for help with SQL commands
      \? for help with psql commands
      \g or terminate with semicolon to execute query
```

O cursor ficará:
```
primeiro_banco=>
```

Caso o cursor fique:
```
primeiro_banco=#
```

Significa que você está conectado ao banco como superusuário.

Usando o psql para acessar o banco de dados chamado primeiro_banco, conectando com o usuário usr_escola (opção -U) e ativando o modo passo a passo, que faz uma pausa antes de enviar cada comando para o servidor.

```
PostgreSQL> psql -s -U usr_escola primeiro_banco
Welcome to psql 8.1.1, the PostgreSQL interactive terminal.

Type: \copyright for distribution terms
      \h for help with SQL commands
      \? for help with psql commands
      \g or terminate with semicolon to execute query
      \q to quit

primeiro_banco=>
```

O comando "\i" lê os comandos do arquivo especificado.

```
primeiro_banco=>\i p1.sql
```

Para obter um help da sintaxe de vários comandos SQL do PostgreSQL, digite:

```
primeiro_banco=> \h
Available help:
  ABORT                          CREATE INDEX            DROP TYPE
  ALTER AGGREGATE                CREATE LANGUAGE         DROP USER
  ALTER CONVERSION               CREATE OPERATOR CLASS   DROP VIEW
  ALTER DATABASE                 CREATE OPERATOR         END
  ALTER DOMAIN                   CREATE RULE             EXECUTE
  ALTER FUNCTION                 CREATE SCHEMA           EXPLAIN
  ALTER GROUP                    CREATE SEQUENCE         FETCH
  ALTER INDEX                    CREATE TABLE            GRANT
  ALTER LANGUAGE                 CREATE TABLE AS         INSERT
  ALTER OPERATOR CLASS           CREATE TABLESPACE       LISTEN
  ALTER OPERATOR                 CREATE TRIGGER          LOAD
  ALTER SCHEMA                   CREATE TYPE             LOCK
  ALTER SEQUENCE                 CREATE USER             MOVE
  ALTER TABLE                    CREATE VIEW             NOTIFY
  ALTER TABLESPACE               DEALLOCATE              PREPARE
  ALTER TRIGGER                  DECLARE                 REINDEX
  ALTER TYPE                     DELETE                  RELEASE SAVEPOINT
  ALTER USER                     DROP AGGREGATE          RESET
  ANALYZE                        DROP CAST               REVOKE
  BEGIN                          DROP CONVERSION         ROLLBACK
  CHECKPOINT                     DROP DATABASE           ROLLBACK TO SAVEPOINT
  CLOSE                          DROP DOMAIN             SAVEPOINT
  CLUSTER                        DROP FUNCTION           SELECT
  COMMENT                        DROP GROUP              SELECT INTO
  COMMIT                         DROP INDEX              SET
  COPY                           DROP LANGUAGE           SET CONSTRAINTS
  CREATE AGGREGATE               DROP OPERATOR CLASS     SET SESSION
                                                        AUTHORIZATION
  CREATE CAST                    DROP OPERATOR           SET TRANSACTION
  CREATE CONSTRAINT TRIGGER      DROP RULE               SHOW
  CREATE CONVERSION              DROP SCHEMA             START TRANSACTION
  CREATE DATABASE                DROP SEQUENCE           TRUNCATE
  CREATE DOMAIN                  DROP TABLE              UNLISTEN
  CREATE FUNCTION                DROP TABLESPACE         UPDATE
  CREATE GROUP                   DROP TRIGGER            VACUUM
```

Para sair do psql, digite:

```
primeiro_banco=> \q
```

4.7 - Como Remover seu Banco de Dados

O comando dropdb remove seu banco de dados com todos os arquivos físicos associados ao banco. Uma vez removido, esta operação não pode ser desfeita, portanto tenha certeza de que esta operação é realmente necessária.

O proprietáio do banco de dados tem o direito de remover não só o banco de dados, como também todos os objetos contidos nele, mesmo que estes objetos pertençam a outro usuário.

```
template1=# drop database primeiro_banco;
DROP DATABASE
```

ou

```
PostgreSQL> dropdb primeiro_banco
DROP DATABASE
```

5

ADMINISTRANDO TABLESPACES

5.1 - DEFININDO TABLESPACES

Tablespace é uma unidade de armazenamento lógico que permite definir o local para o armazenamento dos objetos no sistema de arquivos. É muito útil quando se deseja balancear os dados em diferentes unidades de disco para obter uma melhor performance.

Quando você cria o seu database cluster, automaticamente uma tablespace chamada pg_global, é criada para armazenar o catálogo do dicionário de dados, e outra chamada pg_default, é criada para armazenar os objetos criados no banco de dados. Esta tablespace é a tablespace default dos bancos de dados template0 e template1.Uma tablespace criada em um banco de dados pode ser usada por outros bancos de dados.

O nome da tablespaces não pode começar com pg_ , pois este prefixo é reservado para as tablespaces do sistema.

Somente os sistemas que suportam simbólicos links, permitem a criação de tablespaces.

5.2 - CRIANDO TABLESPACES

A tablespace pode ser usada no create database, create table, create index ou add constraint.

a) Criando uma tablespace chamada tbs_dados no diretório /02/dados:

```
primeiro_banco=# CREATE TABLEspace  tbs_dados location '/
u02/dados';
CREATE TABLESPACE
```

O comando seguinte exibe o arquivo criado no sistema operacional:

```
PostgreSQL>ls -l /u02/dados
total 4
-rw——    1 postgres postgres    4 Jun 14 16:07 PG_VERSION
```

b) Criando uma tablespace chamada tbs_indices, no diretório /u03/indices:

```
primeiro_banco=# CREATE TABLEspace  tbs_indices location
'/u03/indices';
CREATE TABLESPACE
```

Listando tablespaces criadas:

```
primeiro_banco=# \db
List of tablespaces

    Name     | Owner  |  Location
-------------+--------+-------------
 pg_default  | jorge  |
 pg_global   | jorge  |
 tbs_dados   | jorge  | /u02/dados
 tbs_indices | jorge  | /u03/indices
(4 rows)
```

5.3 - ALTERANDO TABLESPACES

a) Renomeando o tablespace de tbs_dados para tbs_tabelas:

```
primeiro_banco=# ALTER tablespace tbs_dados rename to
tbs_tabelas;
ALTER TABLESPACE
```

b) Alterando o proprietário da tablespace:

```
primeiro_banco=# ALTER tablespace tbs_indices owner to luiz;
ALTER TABLESPACE
```

Listando tablespaces alteradas:

```
primeiro_banco=# \db
List of tablespaces

     Name      |  Owner  |    Location
---------------+---------+----------------
 pg_default    | jorge   |
 pg_global     | jorge   |
 tbs_indices   | luiz    | /u03/indices
 tbs_tabelas   | jorge   | /u02/dados
(4 rows)
```

5.4 - REMOVENDO TABLESPACES

Uma tablespace pode ser removida pelo proprietário ou por um superusuário. A tablespace deve estar vazia para poder ser removida.

a) Removendo uma tablespace do banco de dados

```
primeiro_banco=# drop tablespace tbs_tabelas;
DROP TABLESPACE
```

5.5 - EXIBINDO TABLESPACES

a) Para determinar as tablespaces existentes no banco de dados

```
primeiro_banco=# SELECT spcname FROM pg_tablespace;
spcname
--------
pg_default
pg_global
(2 rows)
```

ou

```
primeiro_banco=# \db
List of tablespaces

     Name       | Owner | Location
----------------+-------+---------------
 pg_default     | jorge |
 pg_global      | jorge |
(2 rows)
```

5.6 - Usando o Usuário DBA para Criar a Tablespace do Nosso Banco

```
primeiro_banco=# CREATE TABLEspace  tbs_dados location '/u02/
dados';
CREATE TABLESPACE
primeiro_banco=# CREATE TABLEspace  tbs_indices location '/u03/
indices';
CREATE TABLESPACE
```

6

ADMINISTRANDO GRUPO

6.1 - DEFINIÇÃO DE GRUPO

Grupo é um conjunto de usuários, que podem ser tratados como uma única unidade lógica.

Sintaxe:
```
CREATE GROUP nome_do_grupo [id do grupo ! usuário membro do grupo]
```

6.2 - CRIANDO GRUPO

```
primeiro_banco=# create group desenvolvimento;
CREATE GROUP
```

6.3 - ADICIONANDO USUÁRIO AO GRUPO

```
primeiro_banco=# ALTER group desenvolvimento add user gilson;
ALTER GROUP
```

6.4 - Removendo Usuário do Grupo

```
primeiro_banco=# ALTER group desenvolvimento drop user gilson;
ALTER GROUP
```

6.5 Removendo Grupo

```
primeiro_banco=# drop group desenvolvimento;
DROP GROUP
```

6.6 Exibindo Grupos do Banco de Dados

```
primeiro_banco=# SELECT groname FROM pg_group;
groname
-----------
desenvolvimento
(1 row)
```

ou

```
primeiro_banco=# \dg
List of groups

  Group name      | Group ID
------------------+-----------
 desenvolvimento  |   100
(1row)
```

6.7 - Com o Superusuario DBA Criamos os Grupos do Nosso Banco

```
primeiro_banco=# create group grp_escola_t;
CREATE GROUP
primeiro_banco=# create group grp_escola_c;
CREATE GROUP
```

6.8 - O Objeto ROLE
(criado na versão 8.2 do postgreSQL)

A role é um objeto similar ao group que pode simplificar a administração do banco de dados que possuem muitos usuários de diferentes perfis. Na role, podemos agrupar um conjunto de privilégios, e este pode ser de uma só vez atribuído para usuários ou outras roles.

- Criando role

  Sintaxe: `CREATE ROLE` nome_da_role;

- Removendo role

  Sintaxe: `DROP ROLE` nome_da_role;

  Dica: O comando createuser e dropuser possuem a mesma funcionalidade do create role e drop role respectivamente.

7

ADMINISTRANDO USUÁRIO

7.1 - DEFINIÇÃO DE USUÁRIO

O usuário do banco de dados é idependente do usuário do sistema operacional. Todavia, em algumas situações, pode ser interessante manter o mesmo nome de usuário no sistema operacional e no banco de dados. O nome do usuário é global para todos os bancos de dados contidos no database cluster.

Por default, quando você executa o initdb para criar seu database cluster, um usuário, com o mesmo nome do usuário do sistema operacional, é criado dentro do banco de dados. E este terá o ID 1.

O usuário corrente não pode ser renomeado. Conecte com um usuário diferente se você deseja fazer esta operação.

7.2 - CRIANDO USUÁRIO

a) Criando o usuáio de nome thalita sem password

```
primeiro_banco=# CREATE USER thalita;
CREATE USER
```

ou

```
PostgreSQL> createuser thalita
```

b) Criando o usuário gilson com password

```
primeiro_banco=# CREATE USER gilson with password 'lgw05';
CREATE USER
```

ou

```
PostgreSQL> createuser -p gilson
```

c) Criando o usuário leonardo com password válida até o ano de 2005

```
primeiro_banco=# CREATE USER leonardo with password 'hos1lrt'
valid until '2005-12-31';
CREATE USER
```

d) Criando o usuário renato with password e com permissão de criar banco de dados

```
primeiro_banco=# CREATE USER renato password 't5d4' createdb;
CREATE USER
```

ou

```
PostgreSQL> createuser -p -d renato
```

e) Criando o usuário mariana com permissão de criar usuários

```
primeiro_banco=# CREATE USER mariana createuser;
CREATE USER
```

ou

```
PostgreSQL>createuser -a mariana
Shall the new user be allowed to create databases? (y/n) n
CREATE USER
```

f) Criando o usuário haydee como membro de um grupo já existente

```
primeiro_banco=# create user haydee in group desenvolvimento;
CREATE USER
```

g) Criando o usuário sabrina no servidor marte, na porta 5000, sem direito de criar Banco de dados e sem o direito de criar usuário.

```
primeiro_banco=# create user sabrina nocreatedb
nocreateuser;
CREATE USER  PostgreSQL> createuser -p 5000 -h marte -D -
A sabrina
CREATE USER
```

7.3 - Alterando Atributos do Usuário

a) Renomeando o usuário

```
primeiro_banco=# ALTER user sabrina rename to beatriz;
ALTER USER
```

b) Modificando a password

```
primeiro_banco=# ALTER user renato with password 'r123';
ALTER USER
```

c) Modificando a data de validade da password de um usuário

```
primeiro_banco=# ALTER user leonardo valid until '2006-12-31';
ALTER USER
```

d) Fazendo uma password válida para sempre

```
primeiro_banco=# ALTER user leonardo valid until 'infinity';
ALTER USER
```

e) Permitir o usuário thalita criar usuário e banco de dados

```
primeiro_banco=# ALTER user thalita createuser createdb;
ALTER USER
```

7.4 - Removendo Usuário

a) Remova o usuário leonardo

```
primeiro_banco=# drop user leonardo;
DROP USER
```

ou

```
PostgreSQL> dropuser leonardo
DROP USER
```

b) Removendo o usuário beatriz, na porta 5000, com prompt de confirmação e exibindo o comando criado pelo dropuser.

```
PostgreSQL> dropuser -p 5000  -i -e beatriz;
User "beatriz" will be permanently removed.
Are you sure? (y/n) y
DROP USER beatriz;
DROP USER
```

7.5 - Exibindo Usuário Corrente

```
primeiro_banco=# SELECT current_user;
 current_user
 _____

 jorge
```

7.6 - Exibindo Usuários do Banco de Dados

```
primeiro_banco=# SELECT usename FROM pg_user;
 usename
 _____

 jorge
 thalita
 gilson
 leonardo
 renato
 mariana
(6 rows)
```

ou

```
primeiro_banco=# \du
List of users

 User name | User ID |             Attributes            | Groups
-----------+---------+-----------------------------------+--------
 gilson    |     101 |                                   |
 jorge     |       1 | superuser, create database        |
 leonardo  |     102 |                                   |
 maria     |     104 | superuser                         |
 renato    |     103 | create database                   |
 thalita   |     100 |                                   |
(6 rows)


primeiro_banco=# \du
List of users

 User name  | User ID |             Attributes            | Groups
------------+---------+-----------------------------------+----------------
 jorge      |       1 | superuser, create database        |
 luiz       |     100 |                                   |
 usr_escola |     101 |                                   | {grp_escola_t}
(3 rows)
```

7.7 - Usando o Superusuário PostgreSQL para Criar Outros Usuários

```
primeiro_banco=# create user dba createdb createuser password
'dba';
CREATE USER
primeiro_banco=# create user usr_escola with password 'usr_escola'
   in  group grp_escola_t;
CREATE USER
```

7.8 - Erros Comuns

a) O usuário gilson, que não possui privilégio de criar usuário, tentando criar um usuário

```
primeiro_banco=> create user gilson2;
ERROR:  must be superuser to create users
```

8

ADMINISTRANDO ESQUEMAS

Esquema é uma organização lógica de objetos (tables,fuctions...), permitindo objetos com o mesmo nome, convivam no mesmo banco de dados, porém em esquema diferente.

Podemos acessar o objeto usando o esquema com prefixo do nome, ou setando o esquema desejado no "path".

Somente superusuário pode criar esquema como propriedade de outro usuário.

Para criar esquema o usuário deve ter o privilégio de "create schema" no banco de dados.

8.1 - CRIANDO ESQUEMA

a) Criando o esquema rh

```
primeiro_banco=# create schema rh;
CREATE SCHEMA
```

b) Com o superusuário Jorge, crie um esquema tecnologia para o usuário gilson

```
primeiro_banco=# create schema tecnologia authorization gilson;
CREATE SCHEMA
```

c) Com o superusuário Jorge, crie um esquema para o usuário beatriz com o seu nome

```
primeiro_banco=# create schema authorization beatriz;
CREATE SCHEMA
```

d) Criando o schema escola para o usuário thalita, e dentro do esquema a tabela curso

```
primeiro_banco=# create schema escola authorization thalita
    CREATE TABLE curso (codigo     char(3),
      descricao  varchar(40));
CREATE SCHEMA é equivalente a primeiro_banco=# create schema
escola authorization thalita;
CREATE SCHEMA
primeiro_banco=#CREATE TABLE escola.curso(codigo char(3),
    descricao  varchar(40));
CREATE TABLE
```

8.2 - Alterando Esquema

a) Alterando o nome do schema

```
primeiro_banco=# ALTER schema rh rename to rhumano;
ALTER SCHEMA
```

b) Alterando o proprietário do schema

```
primeiro_banco=# ALTER schema escola owner to renato;
ALTER SCHEMA
```

8.3 - Removendo Esquema

a) Removendo o esquema rhumano

```
primeiro_banco=# drop schema rhumano;
DROP SCHEMA
```

b) Removendo o esquema rhumano com objetos de sua propriedade, ou não

```
primeiro_banco=# drop schema rhumano cascade;
```

8.4 - Verificando e Definindo a Ordem de Pesquisa nos Esquemas

```
primeiro_banco=> show search_path;
search_path
_____

 $user,public
(1 row)
```

O primeiro elemento da lista acima ($user), especifica que o esquema, com o mesmo nome do usuário, seja pesquisada a localização default dos novos objetos.

Para setar um novo schema no path, use o comando a seguir:

```
primeiro_banco=> set search_path to usr_escola;
  SET
primeiro_banco=# show search_path;
  search_path
  _____-

  usr_escola
  (1 row)
```

8.5 - Com o usuário DBA Criamos o Esquema usr_escola no Nosso Banco

```
primeiro_banco=# create schema usr_escola authorization
usr_escola;
CREATE SCHEMA
```

8.6 - Erros comuns

a) O usuário Gilson, que não tem privilégio de "create schema", tentando criar um esquema

```
segundo_banco=> create schema authorization thalita;
ERROR:  permission denied
DETAIL:  "gilson" is not a superuser, so cannot create a
schema for "thalita"
```

9

ADMINISTRANDO PRIVILÉGIOS

Quando um objeto (tabela, visão, seqüência, função...) é criado, o usuário que executou o comando, normalmente, torna-se proprietário do objeto. Existem diferentes tipos de privilégios como: select, insert, update, delete, rule, references, trigger, create, temporary, execute e usage.

Use o comando "grant" para conceder um específico privilégio em objetos (tables, views, sequnces, database, fuctions, procedural language, schema ou tablespace) para um ou mais usuários, grupos de usuários ou para todos os usuários (PUBLIC).

Sintaxe:

```
GRANT ( [privilégios, . . .[ | ALL [PRIVILEGES[ )
      ON  [ objetos, . . .[
      TO  [ usuários | grupos | PUBLIC | . . .[
      [ WITH GRANT OPTION [
```

Cláusula	Descrição
Privilégios	Especifica o privilégio a ser concedido.
ALL PRIVILEGES	Concede todos os privilégios de uma única vez.
Objetos	Identifica os objetos para o qual os privilégios devem ser concedidos.
usuários | grupos | PUBLIC	Identifica os usuários ou grupos que receberão os privilégios. O PUBLIC indica que os privilégios serão concedido para todos os usuários, inclusive aqueles criados após o privilégio ter sido concedido.
WITH GRANT OPTION	Permite que o concessionário conceda os privilégios a outros usuários.

Dica 1: A opção WITH GRANT OPTION não pode ser usada para conceder privilégios a grupos ou PUBLIC.

Dica 2: Por default, se você é prorprietário de um objeto, todos os privilégios sobre esse objeto serão obtidos automaticamente.

9.1 - CONCEDENDO PRIVILÉGIOS

a) `primeiro_banco=> GRANT usage ON SCHEMA usr_escola TO marisa;`
`GRANT`

b) Concedendo ao usuário luiz o privilégio de atualizar a tabela curso

```
primeiro_banco=# GRANT update ON curso TO Luiz;
GRANT
```

c) Concedendo privilégio de leitura na tabela curso para o grupo escola

```
primeiro_banco=# GRANT select ON curso TO group escola;
GRANT
```

d) Concedendo privilégio de leitura na tabela aluno para todos os usuários existentes ou novos

```
primeiro_banco=# GRANT select ON aluno TO public;
GRANT
```

e) Concedendo todos os privilégios para todos os usuários existentes ou novos, na tabela disciplina

```
primeiro_banco=# GRANT all ON table disciplina TO public;
GRANT
```

f) Concedendo privilégio de criar tabela na tablespace tbs_dados, de propriedade do usuário Jorge, para o usuário Luiz e permitir que este usuário repasse este privilégio para outros usuários.

```
primeiro_banco=# Grant create on tablespace tbs_dados to
Luiz  with grant option;
GRANT
```

9.2 - REVOGANDO PRIVILÉGIOS

a) Retirando todos os privilégios de todos os usuários, na tabela disciplina.

```
primeiro_banco=# revoke all on disciplina FROM public;
REVOKE
```

9.3 - COM USUÁRIO DBA VAMOS CONCEDER PRIVILÉGIO TOTAL NAS TABLESPACES DO NOSSO BANCO PARA O USUÁRIO usr_escola

```
primeiro_banco=# grant all privileges on tablespace tbs_dados
to usr_escola;
GRANT
primeiro_banco=# grant all privileges on tablespace tbs_indices
to usr_escola;
GRANT
```

9.4 - COM O USUÁRIO usr_escola VAMOS EXIBIR INFORMAÇÕES SOBRE SEUS PRIVILÉGIOS

```
primeiro_banco=> \z
Access privileges for database "primeiro_banco"
```

Schema	Name	Type	Access privileges
usr_escola	aluno	table	
usr_escola	aluno_na_disciplina	table	
usr_escola	curso	table	
usr_escola	disciplina	table	
(4 rows)			

10

Definindo uma Nova Linguagem para Seu Database Cluster

10.1 - Instalando uma Nova Linguagem

O createlang é um utilitário que adiciona novas linguagens de programação para o seu database cluster. O createlang trata somente as linguagens suportadas pela distribuição PostgreSQL e é o método mais recomendado.

Definindo a linguagem plpgsql para o banco de dados primeiro_banco:

```
PostgreSQL>createlang plpgsql primeiro_banco
Exibindo as linguagens de programação já instaladas:
PostgreSQL>createlang -l primeiro_banco
Procedural Languages

  Name    | Trusted?
----------+----------
 plpgsql  | yes
```

Definindo a linguagem plpgsql para o banco template1:

```
PostgreSQL> createlang plpgsql template1
```

10.2 - Removendo uma Linguagem Procedural no PostgreSQL

Removendo a linguagem pltcl do banco de dados primeiro_banco

```
PostgreSQL> droplang pltcl primeiro_banco
```

11

DEFININDO CONFIGURAÇÃO

11.1 - DEFININDO A DATA NO FORMATO DIA-MÊS-ANO

```
primeiro_banco=> SELECT current_date;
 date
────────
 2005-08-19
(1 row)
primeiro_banco=> set datestyle to postgres,dmy;
SET
primeiro_banco=> SELECT current_date;
 date
────────
 19-08-2005
(1 row)
```

11.2 - EXIBINDO TODAS AS VARIÁVEIS

```
primeiro_banco=> show all;
            name            |    setting
────────────────────────────┼──────────────
 add_missing_FROM           | on
 archive_command            | unset
 australian_timezones       | off
```

```
authentication_timeout           | 60
bgwriter_delay                   | 200
bgwriter_maxpages                | 100
bgwriter_percent                 | 1
block_size                       | 8192
check_function_bodies            | on
checkpoint_segments              | 3
checkpoint_timeout               | 300
checkpoint_warning               | 30
client_encoding                  | LATIN1
client_min_messages              | notice
commit_delay                     | 0
commit_siblings                  | 5
cpu_index_tuple_cost             | 0.001
cpu_operator_cost                | 0.0025
cpu_tuple_cost                   | 0.01
custom_variable_classes          | unset
DateStyle                        | Postgres, DMY
db_user_namespace                | off
deadlock_timeout                 | 1000
debug_pretty_print               | off
debug_print_parse                | off
debug_print_plan                 | off
debug_print_rewritten            | off
debug_shared_buffers             | 0
default_statistics_target        | 10
default_tablespace               | unset
default_transaction_isolation    | read committed
default_transaction_read_only    | off
default_with_oids                | on
effective_cache_size             | 1000
enable_hashagg                   | on
enable_hashjoin                  | on
enable_indexscan                 | on
enable_mergejoin                 | on
enable_nestloop                  | on
enable_seqscan                   | on
enable_sort                      | on
enable_tidscan                   | on
explain_pretty_print             | on
extra_float_digits               | 0
FROM_collapse_limit              | 8
fsync                            | on
geqo                             | on
geqo_effort                      | 5
geqo_generations                 | 0
geqo_pool_size                   | 0
geqo_SELECTion_bias              | 2
geqo_threshold                   | 12
integer_datetimes                | off
```

```
join_collapse_limit              | 8
lc_collate                       | en_US.iso885915
lc_ctype                         | en_US.iso885915
lc_messages                      | en_US.iso885915
lc_monetary                      | en_US.iso885915
lc_numeric                       | en_US.iso885915
lc_time                          | en_US.iso885915
listen_addresses                 | localhost
log_connections                  | off
log_destination                  | stderr
log_disconnections               | off
log_duration                     | off
log_error_verbosity              | default
log_executor_stats               | off
log_hostname                     | off
log_line_prefix                  | unset
log_min_duration_statement       | -1
log_min_error_statement          | panic
log_min_messages                 | notice
log_parser_stats                 | off
log_planner_stats                | off
log_rotation_age                 | 1440
log_rotation_size                | 10240
log_statement                    | none
log_statement_stats              | off
log_truncate_on_rotation         | off
maintenance_work_mem             | 16384
max_connections                  | 100
max_files_per_process            | 1000
max_fsm_pages                    | 20000
max_fsm_relations                | 1000
max_function_args                | 32
max_identifier_length            | 63
max_index_keys                   | 32
max_locks_per_transaction        | 64
max_stack_depth                  | 2048
password_encryption              | on
port                             | 5000
pre_auth_delay                   | 0
random_page_cost                 | 4
redirect_stderr                  | off
regex_flavor                     | advanced
rendezvous_name                  | unset
search_path                      | usr_escola
server_encoding                  | LATIN1
server_version                   | 8.1.1
shared_buffers                   | 1000
silent_mode                      | off
sql_inheritance                  | on
ssl                              | off
```

```
statement_timeout                    | 0
stats_block_level                    | off
stats_command_string                 | off
stats_reset_on_server_start          | on
stats_row_level                      | off
stats_start_collector                | on
superuser_reserved_connections       | 2
syslog_facility                      | LOCAL0
syslog_ident                         | postgres
TimeZone                             | Brazil/East
trace_notify                         | off
transaction_isolation                | read committed
transaction_read_only                | off
transform_null_equals                | off
unix_socket_group                    | unset
unix_socket_permissions              | 511
vacuum_cost_delay                    | 0
vacuum_cost_limit                    | 200
vacuum_cost_page_dirty               | 20
vacuum_cost_page_hit                 | 1
vacuum_cost_page_miss                | 10
wal_buffers                          | 8
wal_sync_method                      | fdatasync
work_mem                             | 1024
zero_damaged_pages                   | off
(128 rows)
```

12

Definindo os Principais Tipos de Dados

Tipo de Dados	Descrição
ARRAYS	Array multidimensional de tamanho variável.
BIGINT,INT8	Inteiro de comprimento entre -9223372036854775808, 9223372036854775807. Utiliza 8 bytes para armazenamento.
BIGSERIAL	Inteiro de auto-incremento de comprimento entre 1, 9223372036854775807. Utiliza 8 bytes para armazenamento.
BIT(*tam*)	Armazena valores de 1 ou 0. O valor de entrada deve ser do mesmo tamanho do valor especificado na criação (n). Se um tamanho não for especificado, ele assume tamanho de 1.
BIT VARYING(*tam*)	Armazena valores 1 ou 0. Se um tamanho não for especificado, ele assume qualquer tamanho.
BOOLEAN	Tipo de que aceita apenas os valores verdadeiro (TRUE,true,t,y,yes,1) ou falso (FALSE,false,f,n,no,0), porém os valores recuperados serão sempre 't' ou 'f'. Utiliza 1 byte para armazenamento.
BOX	Um quadrado com coordenadas ((x1,y1),(x2,y2)) de vértices opostos. Utiliza 32 bytes para armazenamento.
BYTEA	Binário de comprimento variável.
CHAR(*tam*),CHARACTER(*tam*)	Caractere de comprimento fixo. Se um tamanho não for especificado, ele assume um campo com um único caractere. Brancos a direita é semanticamente significante. Padrão sql.

Tipo de Dados	Descrição (CONT.)
CIDR	Armazena endereço de redes ipv4 ou ipv6 no padrão Classless Internet Domain Routing, no formato end./y, sendo que o end é o endereço da rede para o ipv4 ou ipv6 e y é o número de bits na máscara de rede(se omitido será calculado). Não aceita bit a direita da máscara de rede.Utiliza 12 ou 24 bytes para armazenamento.
CIRCLE	Um círculo definido como <(x,y),r>, sendo (x,y) o centro e (r) o raio. Utiliza 24 bytes para armazenamento.
DATE	Armazena a data no formato mm/dd/aaaa, de intervalo entre 4713 BC, 32767AD. Utiliza 4 bytes para armazenamento.
DECIMAL	De tamanho variável, sem limite.
INET	Armazena endereço de redes ipv4 ou ipv6 no padrão Classless Internet Domain Routing, no formato end./y, sendo que o end é o endereço da rede para o ipv4 ou ipv6 e y é o número de bits na máscara de rede (se omitido será 32 ou 128 respecivamente). Aceita bit a direita da máscara de rede.Utiliza 12 ou 24 bytes para armazenamento.
INT,INT4,INTEGER	Inteiro de comprimento entre -2147483648, +2147483647. Utiliza 4 bytes para armazenamento. Padrão SQL.
LINE	Uma linha infinita com as coordenadas ((x1,y1),(x2,y2)). Utiliza 32 bytes para armazenamento.
LSEG	Uma linha finita com um par de coordenadas ((x1,y1),(x2,y2)). Utiliza 32 bytes para armazenamento.
MACADDR	Armazena o endereço físico da placa de rede (Ethernet). Utiliza 6 bytes para armazenamento.
MONEY	Não será mais suportado em futuras versões
NUMERIC(p,s),DECIMAL(p,s)	Numérico de comprimento variável, sem limite, com precisão p e a escala s (A precisão é o número total de dígitos)
PATH	Uma lista de pontos, abertos ((x1,y1),(x2,y2),....,(xn,yn)) ou fechados [(x1,y1),(x2,y2),....,(xn,yn)]. Utiliza 16 + 16n bytes para armazenamento.
POLYGON	Um polígono formado por uma lista de pontos fechados com as coordenadas ((x1,y1),(x2,y2),....,(xn,yn)). Utiliza 40 + 16n bytes para armazenamento.
POINT	Um ponto no espaço com coordenadas (x,y). Utiliza 16 bytes para armazenamento.
SERIAL,SERIAL4	Inteiro de auto-incremento de comprimento entre 1, 2147483647. Utiliza 4 bytes para armazenamento.
SMALLINT	Inteiro de comprimento entre 32768, +32767. Utiliza 2 bytes para armazenamento. Padrão SQL.
TEXT	Caracter de tamanho variável, sem tamanho máximo. Não é padrão SQL.
TIME	Armazena a hora no formato hh:mm:ss:cc, de intervalo entre 00:00:00:00,23:59:59:99. Utiliza 8 bytes para armazenamento.

Tipo de Dados	Descrição (CONT.)
TIME withtime zone	Armazena a hora no formato hh:mm:ss:cc z, de intervalo entre 00:00:00:00+12,23:59:59:99-12. Utiliza 12 bytes para armazenamento
TIMESTAMP, TIMESTAMP with time zone	Armazena data e hora no intervalo entre 4713 BC, 5874897 AD. Utiliza 8 bytes para armazenamento.
VARCHAR(*tam*), CHARACTER VARYING(*tam*)	Caracter de tamanho variável. Se o tamanho não for especificado, ele aceita qualquer tamanho. Brancos a direita não é semanticamente significante. Padrão SQL.

12.1 - Tipo de dado array

• O comando abaixo cria um array de uma dimensão para a coluna telefone

```
primeiro_banco=> CREATE TABLE empregado
primeiro_banco->            (mat      int,
primeiro_banco(>            nome      char(30),
primeiro_banco(>            telefone char(8)[]);
CREATE TABLE

primeiro_banco=> \d empregado
Table "usr_escola.empregado"

  Column  |       Type       | Modifiers
----------+------------------+-----------
  mat     | integer          |
  nome    | character(30)    |
  telefone | character(8)[]  |
```

• O comando abaixo inclui dados no array de uma dimensão

```
primeiro_banco=>   INSERT INTO empregado
primeiro_banco-> values(1,'Luiz Fernando A. Azevedo','
{{"22224444"},{"99994444"}}');
INSERT 17525 1
primeiro_banco=> SELECT * FROM empregado;

 mat |             nome             |           telefone
-----+------------------------------+------------------------------
   1 | Luiz Fernando A. Azevedo     | {{22224444},{99994444}}
(1 row)
```

- O comando abaixo cria um array de duas dimensões parta a coluna telefone

```
primeiro_banco=> CREATE TABLE empregado
primeiro_banco->         (mat      int,
primeiro_banco(>         nome      char(30),
primeiro_banco(>         telefone char(8)[][]);
CREATE TABLE
primeiro_banco=> \d empregado
Table "usr_escola.empregado"
```

Column	Type	Modifiers
mat	integer	
nome	character(30)	
telefone	character(8)[]	

- O comando abaixo inclui dados no array de duas dimensões

```
primeiro_banco=> INSERT INTO empregado
primeiro_banco->   values(2,'Maria',array ['22226666','88883333']);
INSERT 17547 1
```

- O comando abaixo inclui dados no array de duas dimensões usando outra sintaxe

```
primeiro_banco=> INSERT INTO empregado
primeiro_banco->   values(3,'haydee', '{"22227777","88881111"}');
INSERT 17549 1

primeiro_banco=> SELECT * FROM empregado;
```

mat	nome	telefone
2	Maria	{22226666,88883333}
3	haydee	{22227777,88881111}

(2 rows)

- Os comandos abaixo acessam os dados do array

```
primeiro_banco=> SELECT telefone[1] FROM empregado;
 telefone
-------------
 22226666
 22227777
(2 rows)
```

```
primeiro_banco=> SELECT telefone[2] FROM empregado;
 telefone
----------------

 88883333
 88881111
(2 rows)

primeiro_banco=> SELECT nome FROM empregado WHERE telefone[1]<>
telefone[2];
 nome
----------------

 Maria
 haydee
(2 rows)

primeiro_banco=> SELECT telefone[2:2] FROM empregado;
 telefone
----------------

 {88883333}
 {88881111}
(2 rows)

primeiro_banco=> SELECT telefone[1:1] FROM empregado;
  telefone
----------------

 {22226666}
 {22227777}
(2 rows)
```

12.2 - Usando o Tipo de Dado Character

```
primeiro_banco=> CREATE TABLE teste1(a character(4));
CREATE TABLE
primeiro_banco=> INSERT INTO teste1 values('ok');
INSERT 17353 1
primeiro_banco=> INSERT INTO teste1 values('ok ');
INSERT 17354 1
primeiro_banco=> INSERT INTO teste1 values('  ok');
INSERT 17355 1
primeiro_banco=> SELECT a, char_length(a) FROM teste1;

  a   | char_length
------+----------------
 ok   |            2
 ok   |            2
   ok |            4
(3      rows)
```

12.3 - Usando o Tipo de Dado Varchar

```
primeiro_banco=> CREATE TABLE teste2(a varchar(4));
CREATE TABLE
primeiro_banco=> INSERT INTO teste2 values('ok');
INSERT 17366 1
primeiro_banco=> INSERT INTO teste2 values('ok ');
INSERT 17367 1
primeiro_banco=>  INSERT INTO teste2 values('  ok');
INSERT 17368 1

primeiro_banco=> SELECT a, char_length(a) FROM teste2;

  a    | char_length
-------+--------------
 ok    |           2
 ok    |           3
   ok  |           4
(3 rows)
```

12.4 - Usando o Tipo de Dado Bytea

```
primeiro_banco=> CREATE TABLE teste3(a bytea);
CREATE TABLE
primeiro_banco=> INSERT INTO teste3 values('\'');
INSERT 17374 1
primeiro_banco=> INSERT INTO teste3 values('\\047');
INSERT 17375 1
primeiro_banco=> SELECT * FROM teste3;
 a
----
 \
 \
(2 rows)
```

12.5 - Usando o Tipo de Dado Boolean

```
primeiro_banco=> CREATE TABLE teste1(a boolean);
CREATE TABLE
primeiro_banco=> INSERT INTO teste1 values(TRUE);
INSERT 17378 1
primeiro_banco=> INSERT INTO teste1 values(FALSE);
INSERT 17379 1

primeiro_banco=> SELECT * FROM teste1;
 a
----
 t
 f
(2 rows)
```

Capítulo 12 – Definindo os Principais Tipos de Dados | **71**

```
primeiro_banco=> SELECT * FROM teste1 WHERE a;
 a
———-
 t
(1 row)

primeiro_banco=> SELECT * FROM teste1 WHERE not a;
 a
——-——
 f
(1 row)
```

12.6 - Usando o Tipo de Dado Serial e Smallint

```
primeiro_banco=> CREATE TABLE teste1(a serial,b smallint);
NOTICE:  CREATE TABLE will create implicit sequence "teste1_a_seq"
for serial column "teste1.a"
NOTICE:  CREATE TABLE will create implicit sequence "teste1_a_seq"
for serial column "teste1.a"
CREATE TABLE
primeiro_banco=> \d teste1
Table "usr_escola.teste1"

 Column |   Type   |           Modifiers
--------+----------+-----------------------------------
 a      | integer  | not null default nextval
        |          | ('usr_escola.teste1_a_seq'::text)
 b      | smallint |

primeiro_banco=> INSERT INTO teste1(b) values(9);
INSERT 17369 1
primeiro_banco=> INSERT INTO teste1(a) values(default);
INSERT 17422 1
primeiro_banco=> SELECT * FROM teste1;

 a | b
---+---
 1 | 9
 2 |
(2 rows)
```

Dica: Usar a coluna com o tipo SERIAL para incremento, não é uma boa prática quando se deseja usar o mesmo gerador de números para diferentes colunas. Neste caso, use o objeto sequence que é independente.

12.7 - Usando o Tipo de Dado Cidr e Inet

```
primeiro_banco=> CREATE TABLE teste1(a cidr,b inet);
CREATE TABLE
primeiro_banco=> INSERT INTO teste1
                VALUES ('10.0.0.1', '10.0.0.1/5');
INSERT 17380 1
primeiro_banco=> INSERT INTO teste1
                VALUES ('10.0.0.1', '10.0.0.1/5');
INSERT 17381 1
primeiro_banco=> INSERT INTO teste1
                VALUES ('10.0.0.1', '10.0.0.1/5');
ERROR:  invalid cidr value: "10.0.0.1"
DETAIL:  Value has bits set to right of mask.
ERROR:  invalid cidr value: "10.0.0.1"
DETAIL:  Value has bits set to right of mask.
```

12.8 - Usando o Tipo de Dado Bit e Varying

```
primeiro_banco=> CREATE TABLE teste (a BIT(3), b BIT VARYING(5));
CREATE TABLE
primeiro_banco=> INSERT INTO teste VALUES (B'101', B'00');
INSERT 17384 1
primeiro_banco=> INSERT INTO teste VALUES (B'10', B'101');
ERROR:  bit string length 2 does not match type bit(3)
ERROR:  bit string length 2 does not match type bit(3)
primeiro_banco=> SELECT * FROM teste;

  a  | b
-----+-----
 101 | 00
(1 row)
```

13

Usando a Linguagem SQL

13.1 - Instrução SELECT Básica

A instrução SELECT recupera informações do banco de dados.

Podemos ter consultas extremamente simples, ou até mesmo consultas complexas envolvendo várias tabelas e relação entre as mesmas.

Neste momento usaremos o modelo físico apresentado no primeiro capítulo.

Sintaxe básica: `SELECT * FROM nome_da_tabela;`

13.1.1 - Recuperando Todas as Colunas de uma Tabela

A cláusula SELECT vem seguida de um "*" que representa todas as colunas.

```
primeiro_banco=> SELECT * from curso;

 cod_curso |        descricao
-----------+-------------------------
 Inf       | Informática
 Eng       | Engenharia de Sistemas
 Let       | Letras
 Dir       | Direito
(4 rows)
```

13.1.2 - Recuperando Colunas Específicas

Especifique o nome das colunas,separado por vírgulas na ordem que deseja que apareçam na saída. O cabeçalho default será o próprio nome das colunas.

```
primeiro_banco=> SELECT descricao,cod_curso FROM disciplina;
        descricao         | cod_curso
--------------------------+-----------
 Português                |    Let
 Sistema Operacional      |    Inf
 Lógica                   |    Inf
 Banco de Dados I         |    Inf
 Banco de Dados II        |    Inf
 Banco de Dados III       |    Inf
 Matemática II            |    Eng
 Matemática III           |    Eng
 Matemática IV            |    Eng
 Direito Tributário       |    Dir
 Álgebra                  |    Eng
 Matemática I             |    Eng
 Direito cívil            |    Dir
(13 rows)
```

13.1.3 - Operadores Aritméticos

Operador	Descrição
+	Adicionar
-	Subtrair
*	Multiplicar
/	Dividir

Usando operadores aritméticos com dados do tipo NUMBER e DATE.

```
primeiro_banco=> SELECT current_date;
  date
------------
 2005-09-02
(1 row)
```

```
primeiro_banco=> SELECT current_date+10 as "A data do dia mais 10 dias";
 A data do dia mais 10 dias
───────────────────
 2005-09-12
(1 row)
primeiro_banco=> SELECT 2+3 as "somando dois valores";
 somando dois valores
───────────────────
 5
(1 row)
```

13.1.4 - Definindo Precedência do Operador

Se uma expressão aritmética tiver mais de um operador, a multiplicação e divisão serão avaliadas primeiro. Se os operadores dentro da expressão tiverem a mesma prioridade, serão avaliados da esquerda para direita.

```
primeiro_banco=> SELECT 2+10*5 as "A multiplicação sendo avaliada
primeiro_banco=>         primeiro";
 A multiplicação sendo avaliada primeiro
────────────────────────────────
 52
(1       row)
```

Para mudar a ordem de avaliação da expressão podemos usar o parênteses.

```
primeiro_banco=> SELECT (2+10)*5 as "Usando o parênteses para
primeiro_banco=>          mudar a ordem";
 Usando o parênteses para mudar a ordem
───────────────────────
 60
(1 row)
```

13.1.5 - Trabalhando com Valores Nulos

Se qualquer valor da coluna em uma expressão aritmética for nulo, o resultado será nulo, porque o nulo não é aplicável.

```
primeiro_banco=> SELECT 2* null as "operação com valor nulo,
primeiro_banco=>          será nulo";
 operação com valor nulo, será nulo
───────────────────────

(1 row)
```

13.1.6 - Definindo um Cabeçalho mais Indicativo para a Coluna com um Apelido (alias)

Se o apelido for simples (nome), não há necessidade das aspas, se for composto (nome do curso), como o exemplo abaixo, há necessidade.

```
primeiro_banco=> SELECT descricao as "nome dos cursos" FROM curso;

     nome dos cursos
_____

 Informática
 Engenharia de Sistemas
 Letras
 Direito
(4 rows)
```

13.1.7 - Definindo Operador de Concatenação

Você pode concatenar colunas com o operador "||" para formar uma coluna única.

```
primeiro_banco=> SELECT cod_disciplina||descricao as "Disciplina"
primeiro_banco=>        FROM disciplina;

      Disciplina
_____

 D02Português
 D03Sistema Operacional
 D04Lógica
 D05Banco de Dados I
 D06Banco de Dados II
 D07Banco de Dados III
 D08Matemática II
 D09Matemática III
 D10Matemática IV
 D12Direito Tributário
 D13Álgebra
 D01Matemática I
 D11Direito cívil
(13 rows)
(14)
```

13.1.8 - Eliminando Linhas Duplicadas

Elimine as linhas duplicadas usando a cláusula DISTINCT seguido da coluna ou lista das colunas.

Ele ordena as linhas a serem exibidas.

```
primeiro_banco=> SELECT cod_curso FROM disciplina;

 cod_curso
------------

 Let
 Inf
 Inf
 Inf
 Inf
 Inf
 Eng
 Eng
 Eng
 Dir
 Eng
 Eng
 Dir
(13 rows)

primeiro_banco=> SELECT distinct cod_curso FROM disciplina;

 cod_curso
------------

 Dir
 Eng
 Inf
 Let
(4 rows)
```

13.1.9 - Usando a Cláusula LIMIT

Use a cláusula LIMIT para especificar o número máximo de linhas a serem retornadas no critério de consulta.

O comando abaixo retorna somente 5 alunos.

```
primeiro_banco=> SELECT nome FROM aluno LIMIT 5;

       nome
----------------------
 Espeto Arruda
 Flávio alcantara
 Maurício Ferreira
 Sergio Saud
 Paulo Matta
(5 rows)
```

Dica: É uma boa idéia utilizar a cláusula ORDER BY, para garantir a ordem das linhas a serem recuperadas.

```
primeiro_banco=> SELECT nome FROM aluno ORDER BY nome LIMIT 5;

       nome
----------------------
 Adriana Araujo
 Ana Arruda
 Cristina Matta
 Edmar
 Espeto Arruda
(5 rows)
```

13.1.10 - USANDO A CLÁUSULA LIMIT COM OFFSET

A opção OFFSET especifica quantas linhas serão puladas antes de serem exibidas.

O comando a seguir retorna apenas 5 alunos à partir da oitava linha, ou seja, começa da linha 9 mais 5 linhas.

```
primeiro_banco=> SELECT nome FROM aluno ORDER BY nome LIMIT 5
primeiro_banco=>          OFFSET 8;

       nome
----------------------
 Lúcia Ruas
 Maurício Ferreira
 Paulo Matta
 Roberta Saud
 Sergio Saud
(5 rows)
```

13.1.11 - Omitindo a Cláusula **FROM**

O comando abaixo implicitamente adiciona a cláusula FROM para cada tabela referenciada no SELECT.

```
primeiro_banco=> SELECT aluno.nome;

            nome
----------------------------
 Espeto Arruda
 Flávio alcantara
 Maurício Ferreira
 Sergio Saud
 Paulo Matta
 Leonardo Valente
 Ana Arruda
 Lúcia Ruas
 Roberta Saud
 Cristina Matta
 Haydee Regina de Castro
 Edmar
 Adriana Araujo
 Vitor Blanco da Costa
(14 rows)

primeiro_banco=> SELECT curso.*;

 cod_curso |         descricao
-----------+------------------------
 Inf       | Informática
 Eng       | Engenharia de Sistemas
 Let       | Letras
 Dir       | Direito
(4 rows)
```

13.2 - Usando a Cláusula **WHERE**

Use a cláusula WHERE para restringir as linhas selecionadas com base na condição especificada.

Ela é formada por: nome_de_coluna + operador + nome da coluna, constante ou lista de valores.

80 | DOMINANDO O POSTGRESQL

As constantes de datas e strings de caractere após a cláusula WHERE devem estar entre aspas simples ('   '), todavia os números não são necessário. O sgbd é case sensitive, ou seja, ele faz diferença entre caracteres minúsculos e maiúsculos.

13.2.1 - OPERADOR DE COMPARAÇÃO

Usados para comparação.

Operador	Significado
=	Igual a
>	Maior do que
>=	Maior do que ou igual a
<	Menor do que
<=	Menor do que ou igual a
!= ou <>	Diferente de

O comando seguinte recupera o nome e o número de créditos de todas as disciplinas do curso de informática (Inf).

```
primeiro_banco=> SELECT descricao,num_credito FROM disciplina
primeiro_banco=>           WHERE cod_curso='Inf';

      descricao       | num_credito
----------------------+--------------
 Sistema Operacional  |      3
 Lógica               |      3
 Banco de Dados I     |      4
 Banco de Dados II    |      4
 Banco de Dados III   |      4
(5 rows)
```

No comando a seguir as disciplinas que possuem no máximo 3 créditos

```
primeiro_banco=> SELECT descricao,num_credito FROM disciplina
primeiro_banco=>           WHERE num_credito <=3;
```

```
       descricao      | num_credito
----------------------+----------------
 Português            |      2
 Sistema Operacional  |      3
 Lógica               |      3
 Álgebra              |      3
(4 rows)
```

13.2.2 - Operador BETWEEN

Use o operador BETWEEN para selecionar linhas com base em uma faixa de valores (limite inferior e limite superior) inclusive determina uma condição.

```
primeiro_banco=> SELECT matricula, nota_final FROM aluno_na_disciplina
primeiro_banco=>         WHERE nota_final between 9.0 and 10.0;

 matricula
------------
 m001
 m005
 m006
 m006
 m013
 m012
(6 rows)
```

13.2.3 - Operador IN

Use o operador IN para validar uma lista de valores como condição.

O comando a seguir lista as disciplinas do curso de direito (Dir) e engenharia (Eng)

```
primeiro_banco=> SELECT descricao FROM disciplina
primeiro_banco=>         WHERE cod_curso in('Dir','Eng');

     descricao
---------------------
 Matemática II
 Matemática III
 Matemática IV
 Direito Tributário
 Álgebra
 Matemática I
 Direito cívil
 Português
(8 rows)
```

13.2.4 - Operador LIKE ou ~~

Use o operador LIKE para recuperar valores parecidos com a string de pesquisa quando você não sabe o valor exato.

As condições de pesquisa podem conter caracteres ou números.

Dois símbolos podem ser utilizados para construir a pesquisa.

Símbolo	Descrição
%	Representa qualquer sequência de zero ou mais caracteres
_	Representa qualquer caracter único

Os comandos seguintes recuperam os alunos que nasceram no ano de 1975, porém em qualquer dia e mês.

```
primeiro_banco=> SELECT * FROM aluno WHERE dt_nascimento LIKE '%1975';

matricula |      nome       |     endereco      | bairro  | dt_nascimento | sexo
--------- + --------------- + ----------------- + ------- + ------------- + ---
  m013    | Leonardo Valente| Rua Ivan Raposo   | Barra da|  17-01-1975   |  M
          |                 |     204/101       | Tijuca  |               |
  m005    |   Lúcia Ruas    |    Rua Érico      | Barra da|  01-01-1975   |  F
          |                 | Veríssimo 123/309 | Tijuca  |               |
(2 rows)
```

```
primeiro_banco=> SELECT * FROM aluno WHERE dt_nascimento ~~ '%1975';

matricula |      nome       |     endereco      | bairro  | dt_nascimento | sexo
--------- + --------------- + ----------------- + ------- + ------------- + ---
  m013    | Leonardo Valente| Rua Ivan Raposo   | Barra da|  17-01-1975   |  M
          |                 |     204/101       | Tijuca  |               |
  m005    |   Lúcia Ruas    |    Rua Érico      | Barra da|  01-01-1975   |  F
          |                 | Veríssimo 123/309 | Tijuca  |               |
(2rows)
```

O comando a seguir recupera os alunos da família "Saud". Observe que o sgbd é case-sensitive.

```
primeiro_banco=> SELECT nome FROM aluno WHERE nome LIKE '%Saud%';

      nome
    -----------
 Sergio Saud
 Roberta Saud
 (2 rows)
```

O próximo comando utiliza os dois símbolos em uma mesma pesquisa. O primeiro símbolo "_" representa o curinga para um único caracter.

```
primeiro_banco=> SELECT descricao FROM disciplina
primeiro_banco=>          WHERE descricao like '_a%';

        descricao
    _____

    Banco de Dados I
    Banco de Dados II
    Banco de Dados III
    Matemática II
    Matemática III
    Matemática IV
    Matemática I
(7 rows)
```

O próximo comando utiliza o caracter ESCAPE(\\) default para especificar uma condição de pesquisa que possua um dos símbolos "_" ou "%". Isto faz com que o Postgresql interprete os símbolos como um literal.

Neste exemplo estamos recuperando o endereço dos alunos com o caracter "_" em qualquer lugar do endereço.

```
primeiro_banco=> SELECT endereco FROM aluno
primeiro_banco=>          WHERE endereco LIKE '%\\_%';

            endereco
    _____

    Av. das Américas 1900_Bl_H/903
(1 row)
```

Exemplos	Comparação
LIKE 'A%'	Começando com letra A
LIKE '%A%'	Contém a letra A em qualquer posição
LIKE '_A%'	A letra está na segunda posição
LIKE '%A'	Termina com a letra A
LIKE 'A%B%'	Começa com a letra A e contém B em qualquer posição
LIKE 'A%B%C'	Começa com a letra A, contém a letra B e termina com a letra C
NOT LIKE '%A'	Não termina com a letra A

13.2.5 - Operador ILIKE ou ~~*

Este operador é semelhante ao operador LIKE, sendo que sua pesquisa é "case-insensitive". Não faz diferença entre letras maiúsculas e minúsculas.

```
primeiro_banco=> SELECT endereco FROM aluno
primeiro_banco=>        WHERE endereco ILIKE '%A%';

             endereco
-----------------------------------
 Rua 17 n.19
 Rua Érico Veríssimo 35;101
 Rua Olegário Maciel 99
 Rua Monsenhor Ascâneo 121
 Rua Auda Garrido 200;103
 Rua Ivan Raposo 204/101
 Rua 17 n.19
 Rua Érico Veríssimo 123/309
 Rua Monsenhor Ascâneo 121
 Rua Auda Garrido 200;103
 Av. Rio Morto 10000
 Rua Climério 65/203
 Av. das Américas 1900_Bl_H/903
(13 rows)
```

13.2.6 - Operador SIMILAR TO

Este operador(sql:1999) é semelhante ao operador LIKE, sendo que sua pesquisa possui adicionais facilidades.

Sua sintaxe básica é nome_da_coluna similar to padrão_de_pesquisa

No padrão de pesquisa podemos usar:

Caracter curinga	Significado
% ou _	Significa o mesmo que o caracter curinga do LIKE.
[A-F]	Significa qualquer caracter entre A e F.
[AEF]	Significa A, E ou F.
[^AEF]	Significa qualquer coisa diferente de A, E ou F.
| e ||	Significa respectivamente, o operador OR e concatenação.

O comando seguinte recupera o nome e a data de nascimento dos alunos que nasceram em 1970 ou 1975, independente do dia e do mês.

```
primeiro_banco=> SELECT nome,dt_nascimento FROM aluno
primeiro_banco=>          WHERE dt_nascimento SIMILAR TO '%(1970|1975)';

       nome         | dt_nascimento
--------------------+--------------------
 Flávio Alcantara   | 17-12-1970
 Leonardo Valente   | 17-01-1975
 Ana Arruda         | 17-10-1970
 Lúcia Ruas         | 01-01-1975
(4 rows)
```

O comando a seguir recupera o nome e o endereco dos alunos com sobrenome Matta ou Saud.

```
primeiro_banco=> SELECT nome,endereco FROM aluno
primeiro_banco=>          WHERE nome SIMILAR TO '%(Matta|Saud)%';

       nome         |            endereco
--------------------+-------------------------------------
 Sergio Saud        | Rua Monsenhor Ascâneo 121
 Paulo Matta        | Rua Auda Garrido 200;103
 Roberta Saud       | Rua Monsenhor Ascâneo 121
 Cristina Matta     | Rua Auda Garrido 200;103
(4 rows)
```

O próximo comando recupera o nome dos alunos que começam com qualquer caracter entre A e F.

```
primeiro_banco=> SELECT nome FROM aluno WHERE nome
primeiro_banco=>          SIMILAR TO '[A-F]%';

       nome
--------------------
 Ana Arruda
 Espeto Arruda
 Flávio Alcantara
 Adriana Araujo
 Edmar
 Cristina Matta
(6 rows)
```

13.2.7 - POSIX

O POSIX proporciona uma pesquisa mais poderosa que o operador de comparação LIKE e SIMILAR TO. Muitas ferramentas como sed, grep seguem a mesma lógica de pesquisa.

```
primeiro_banco=> SELECT * FROM teste1;
     a
 _____
 abcddddef
(1 row)
```

• Operador (~) de pesquisa case-sensitive

```
primeiro_banco=> SELECT * FROM teste1 WHERE a ~ '.*DD.*';
 a
 _____
(0 rows)
```

• Operador de pesquisa case-insentive (~*)

```
primeiro_banco=> SELECT * FROM teste1 WHERE a ~* '.*DD.*';
     a
 _____
 abcddddef
(1 row)
```

13.2.8 - Operador IS NULL

O operador IS NULL trata de colunas com valor nulo. Uma vez que o nulo não é igual a uma string de caractere vazia, ou uma coluna numérica com zero, não é possível testar com igual (=). Logo devemos ter alguma cautela nestes casos.

```
primeiro_banco=> SELECT nome,dt_nascimento FROM aluno
primeiro_banco=>          WHERE dt_nascimento is null;

         nome          | dt_nascimento
 _____+_____
 Vitor Blanco da Costa |
(1 row)
```

13.2.9 - Operador Lógico AND

O operador lógico AND combina o resultado de duas condições para produzir um único resultado. Retorna verdadeiro se todas as condições de comparação forem verdadeiras.

Tabela Lógica			
AND	VERDADEIRO	FALSO	NULO
VERDADEIRO	VERDADEIRO	FALSO	NULO
FALSO	FALSO	FALSO	FALSO
NULO	NULO	FALSO	NULO

O comando seguinte usa o operador AND, que exige que ambas as condições sejam verdadeiras.

```
primeiro_banco=> SELECT descricao FROM disciplina
primeiro_banco=>          WHERE num_credito=4 AND cod_curso='Inf';

       descricao
    _____

 Banco de Dados I
 Banco de Dados II
 Banco de Dados III
(3 rows)
```

13.2.10 - Operador Lógico OR

O operador lógico OR combina o resultado de duas condições para produzir um único resultado. Retorna verdadeiro se uma das condições de comparação for verdadeira.

Tabela Lógica			
OR	VERDADEIRO	FALSO	NULO
VERDADEIRO	VERDADEIRO	VERDADEIRO	VERDADEIRO
FALSO	VERDADEIRO	FALSO	NULO
NULO	VERDADEIRO	NULO	NULO

O próximo comando usa o operador OR, que exige que uma das condições seja verdadeira.

```
primeiro_banco=> SELECT descricao FROM disciplina
primeiro_banco=>          WHERE num_credito=4 OR cod_curso='Inf';

      descricao
_____

 Sistema Operacional
 Lógica
 Banco de Dados I
 Banco de Dados II
 Banco de Dados III
 Matemática II
 Matemática III
 Matemática IV
 Direito Tributário
 Matemática I
 Direito cível
(11 rows)
```

13.2.11 - OPERADOR NOT

O operador NOT é usado para negar as condições.

O comando seguinte lista as disciplinas que não fazem parte do curso de informática (Inf) ou engenharia (Eng).

```
primeiro_banco=> SELECT descricao,cod_curso FROM disciplina
primeiro_banco=>          WHERE cod_curso NOT IN('Inf','Eng');

      descricao       | cod_curso
_____+_____

 Direito Tributário   | Dir
 Direito cível        | Dir
 Português            | Dir
(3 rows)
```

13.2.12 - Precedência dos Operadores Lógicos

Ordem de Avaliação	Operador
1	Todos os operadores de comparação
2	NOT
3	AND
4	OR

O próximo comando recupera os alunos do sexo masculino ou os alunos do sexo feminino e que moram na Barra da Tijuca .

```
primeiro_banco=> SELECT nome,bairro,sexo FROM aluno
primeiro_banco=>        WHERE sexo='M' OR sexo='F'
primeiro_banco=>        AND bairro='Barra da Tijuca';
```

nome	bairro	sexo
Rene Santos de Castro	Vargem Grande	M
Flávio Alcantara	Barra da Tijuca	M
Maurício Ferreira	Barra da Tijuca	M
Sergio Saud	Barra da Tijuca	M
Paulo Matta	Barra da Tijuca	M
Leonardo Valente	Barra da Tijuca	M
Lúcia Ruas	Barra da Tijuca	F
Edmar	Recreio dos Bandeirantes	M
Vitor Blanco da Costa	Freguesia	M

(9 rows)

O comando seguinte recupera os alunos do sexo feminino ou masculino e que moram na Barra da Tijuca.

```
primeiro_banco=> SELECT nome,bairro,sexo FROM aluno
primeiro_banco=>        WHERE (sexo='M' OR sexo='F')
primeiro_banco=>        AND bairro='Barra da Tijuca';
```

nome	bairro	sexo
Flávio Alcantara	Barra da Tijuca	M
Maurício Ferreira	Barra da Tijuca	M
Lúcia Ruas	Barra da Tijuca	F

(3 rows)

13.3 - Operadores de Conjuntos

Estes operadores combinam o resultado de duas consultas em uma.

Para usar os operadores de conjuntos, devemos seguir as seguintes regras:

- As colunas correspondentes nos comandos SELECT devem ser do mesmo tipo de dado.
- O comando SELECT deve ter o mesmo número de colunas.
- O nome da coluna do primeiro SELECT usado como cabeçalho.
- O resultado do operador não possui qualquer linha duplicada, a menos que a cláusula ALL seja usada.

```
primeiro_banco=> SELECT nome,bairro FROM aluno
primeiro_banco=>           WHERE bairro='Vargem Grande';

     nome      |    bairro
---------------+---------------------
 Espeto Arruda | Vargem Grande
 Ana Arruda    | Vargem Grande
(2 rows)

primeiro_banco=> SELECT nome,bairro FROM aluno WHERE nome LIKE 'A%';

     nome       |           bairro
----------------+----------------------------
 Ana Arruda     | Vargem Grande
 Adriana Araujo | Recreio dos Bandeirantes
(2 rows)
```

13.3.1 - Operador UNION e UNION ALL

Este operador combina o resultado de duas ou mais tabelas.

O comando seguinte exibe o nome e o bairro dos alunos que moram em Vargem Grande e também o nome e o bairro dos alunos que têm o nome começando pela letra "A".

```
primeiro_banco=> SELECT nome,bairro FROM aluno
primeiro_banco=>           WHERE bairro= 'Vargem Grande'
primeiro_banco-> UNION
primeiro_banco-> SELECT nome,bairro FROM aluno
primeiro_banco->           WHERE nome LIKE 'A%';
```

```
     nome         |          bairro
------------------+--------------------------------
 Adriana Araujo   | Recreio dos Bandeirantes
 Ana Arruda       | Vargem Grande
 Espeto Arruda    | Vargem Grande
(3 rows)

primeiro_banco=> SELECT nome,bairro FROM aluno
primeiro_banco=>        WHERE bairro= 'Vargem Grande'
primeiro_banco-> UNION ALL
primeiro_banco-> SELECT nome,bairro FROM aluno
primeiro_banco->        WHERE nome LIKE 'A%';

     nome         |          bairro
------------------+--------------------------------
 Espeto Arruda    | Vargem Grande
 Ana Arruda       | Vargem Grande
 Ana Arruda       | Vargem Grande
 Adriana Araujo   | Recreio dos Bandeirantes
(4 rows)
```

13.3.2 - Operador INTERSECT e INTERSECT ALL

Este operador retorna apenas linhas comuns em ambas as tabelas.

```
primeiro_banco=> SELECT nome,bairro FROM aluno
primeiro_banco=>        WHERE bairro= 'Vargem Grande'
primeiro_banco-> INTERSECT
primeiro_banco-> SELECT nome,bairro FROM aluno
primeiro_banco->        WHERE nome LIKE 'A%';

    nome       |     bairro
---------------+------------------
 Ana Arruda    | Vargem Grande
(1 row)
```

13.3.3 - Operador EXCEPT ou EXCEPT ALL

Este operador retorna as linhas da primeira consulta, que não estão na segunda consulta.

```
primeiro_banco=> SELECT nome,bairro FROM aluno
primeiro_banco=>        WHERE bairro= 'Vargem Grande'
primeiro_banco-> EXCEPT
primeiro_banco-> SELECT nome,bairro FROM aluno
primeiro_banco->        WHERE nome LIKE 'A%';

     nome         |      bairro
------------------+------------------
 Espeto Arruda    | Vargem Grande
(1 row)
```

13.4 - Cláusula ORDER BY

A cláusula ORDER BY é usada para determinar a ordem de classificação de uma consulta a ser exibida. Se a cláusula ORDER BY não for usada, não temos como garantir a ordem das linhas. Esta será sempre a última cláusula do comando SQL.

ASC	Classifica as linhas em ordem crescente (DEFAULT)
DESC	Classifica as linhas em ordem decrescente

13.4.1 - Classificação Crescente

O comando a seguir exibe as linhas em ordem crescente.

```
primeiro_banco=> SELECT dt_nascimento FROM aluno ORDER BY dt_nascimento;

 dt_nascimento
----------------
 1967-07-17
 1967-07-17
 1968-10-16
 1969-11-15
 1970-10-17
 1970-12-17
 1971-07-17
 1971-10-17
 1975-01-01
 1975-01-17
 1976-03-12
 1977-07-21
 1978-04-19
(14 rows)

primeiro_banco=> SELECT dt_nascimento FROM aluno
primeiro_banco=>         ORDER BY dt_nascimento ASC;

 dt_nascimento
----------------
 1967-07-17
 1967-07-17
 1968-10-16
 1969-11-15
 1970-10-17
 1970-12-17
```

```
1971-07-17
1971-10-17
1975-01-01
1975-01-17
1976-03-12
1977-07-21
1978-04-19
(14 rows)
```

13.4.2 - CLASSIFICAÇÃO DECRESCENTE

O próximo comando exibe as linhas em ordem decrescente.

```
primeiro_banco=> SELECT dt_nascimento FROM aluno
primeiro_banco=>          ORDER BY dt_nascimento DESC;

 dt_nascimento
_____

 1978-04-19
 1977-07-21
 1976-03-12
 1975-01-17
 1975-01-01
 1971-10-17
 1971-07-17
 1970-12-17
 1970-10-17
 1969-11-15
 1968-10-16
 1967-07-17
 1967-07-17
(14 rows)
```

Dica: Os valores nulos são exibidos por último na classificação ascendente e primeiro na classificação descendente.

13.4.3 - CLASSIFICAÇÃO POR APELIDO

O comando seguinte classifica a saída por data de nascimento usando o apelido de coluna data.

94 | Dominando o PostgreSQL

```
primeiro_banco=> SELECT nome,bairro,dt_nascimento as data
primeiro_banco=>          FROM aluno ORDER BY data;
```

nome	bairro	data
Sergio Saud	Barra da Tijuca	1967-07-17
Cristina Matta	Barra da Tijuca	1967-07-17
Paulo Matta	Barra da Tijuca	1968-10-16
Haydee Regina de Castro	Recreio dos Bandeirantes	1969-11-15
Ana Arruda	Vargem Grande	1970-10-17
Flávio Alcantara	Barra da Tijuca	1970-12-17
Roberta Saud	Barra da Tijuca	1971-07-17
Rene Santos de Castro	Vargem Grande	1971-10-17
Lúcia Ruas	Barra da Tijuca	1975-01-01
Leonardo Valente	Barra da Tijuca	1975-01-17
Adriana Araujo	Recreio dos Bandeirantes	1976-03-12
Edmar	Recreio dos Bandeirantes	1977-07-21
Maurício Ferreira	Barra da Tijuca	1978-04-19
Vitor Blanco da Costa	Freguesia	

(14 rows)

Nota: A cláusula ORDER BY é a única que aceita referência por apelido. A cláusula WHERE por exemplo, não aceita uma condição usando o apelido (where data like '1970%').

13.4.4 - Classificação por Várias Colunas

O comando seguinte classifica a saída em ordem alfabética por sexo e bairro, e descendente por data de nascimento.

```
primeiro_banco=> SELECT sexo,bairro,dt_nascimento,nome
primeiro_banco=>          FROM aluno
primeiro_banco=>          ORDER BY sexo,bairro,dt_nascimento DESC;
```

sexo	bairro	dt_nascimento	nome
F	Barra da Tijuca	1975-01-01	Lúcia Ruas
F	Barra da Tijuca	1971-07-17	Roberta Saud
F	Barra da Tijuca	1967-07-17	Cristina Matta
F	Recreio dos Bandeirantes	1976-03-12	Adriana Araujo
F	Recreio dos Bandeirantes	1969-11-15	Haydee Regina de Castro
F	Vargem Grande	1970-10-17	Ana Arruda
M	Barra da Tijuca	1978-04-19	Maurício Ferreira
M	Barra da Tijuca	1970-12-17	Flávio Alcantara
M	Barra da Tijuca	1975-01-17	Leonardo Valente
M	Barra da Tijuca	1968-10-16	Paulo Matta
M	Barra da Tijuca	1967-07-17	Sergio Saud
M	Freguesia		Vitor Blanco da Costa
M	Recreio dos Bandeirantes	1977-07-21	Edmar
M	Vargem Grande	1971-10-17	Espeto Arruda

(14 rows)

13.4.5 - Classificação por uma Coluna Invisível

O comando seguinte classifica a saída por uma coluna que não está na lista select.

```
primeiro_banco=> SELECT nome FROM aluno ORDER BY dt_nascimento DESC;

          nome
---------------------------------
 Vitor Blanco da Costa
 Maurício Ferreira
 Edmar
 Adriana Araujo
 Leonardo Valente
 Lúcia Ruas
 Espeto Arruda
 Roberta Saud
 Flávio alcantara
 Ana Arruda
 Haydee Regina de Castro
 Paulo Matta
 Sergio Saud
 Cristina Matta
(14 rows)
```

13.4.6 - Classificação Posicional

O comando abaixo classifica a saída posicionalmente por uma coluna da lista do select.

```
primeiro_banco=> SELECT descricao,num_credito,cod_curso
primeiro_banco=>          FROM disciplina ORDER BY 3;

       descricao      | num_credito | cod_curso
----------------------+-------------+-------------
 Direito Tributário   |           4 | Dir
 Direito Civil        |           4 | Dir
 Português            |           2 | Dir
 Matemática II        |           4 | Eng
 Matemática III       |           4 | Eng
 Matemática IV        |           4 | Eng
 Álgebra              |           3 | Eng
 Matemática I         |           4 | Eng
 Sistema Operacional  |           3 | Inf
 Lógica               |           3 | Inf
 Banco de Dados I     |           4 | Inf
 Banco de Dados II    |           4 | Inf
 Banco de Dados III   |           4 | Inf
(13 rows)
```

13.5 - Expressão CASE

O comando CASE permite retornar um valor a partir das condições definidas.

Sintaxe:
```
CASE WHEN condição THEN resultado
               WHEN ...
         ELSE   resultado
     END
```

O comando seguinte utiliza a expressão CASE para substituir a sigla do campo sexo por uma descrição.

```
primeiro_banco=>  SELECT nome, (CASE sexo
primeiro_banco(>                WHEN 'M'  THEN 'Masculino'
primeiro_banco(>                WHEN 'F'   THEN 'Feminino'
primeiro_banco(>                ELSE   'Sexo não informado'
primeiro_banco(>                END)  as sexo
primeiro_banco->               FROM aluno;
          nome                 |      sexo
------------------------------------+------------------------
 Rene Santos de Castro          | Masculino
 Flávio Alcantara               | Masculino
 Maurício Ferreira              | Masculino
 Sergio Saud                    | Masculino
 Paulo Matta                    | Masculino
 Leonardo Valente               | Masculino
 Ana Arruda                     | Feminino
 Lúcia Ruas                     | Féminino
 Roberta Saud                   | Feminino
 Cristina Matta                 | Feminino
 Haydee Regina de Castro        | Feminino
 Edmar                          | Masculino
 Adriana Araujo                 | Feminino
 Vitor Blanco da Costa          | Masculino
 Sergio araujo                  | Masculino
 Carmem Linnéia Fernandes Marquete | Feminino
 João Carlos da Silva           | Sexo não informado
 Cleuza dos Santos Dias Tacques | Sexo não informado
(18 rows)

primeiro_banco=> SELECT (CASE
primeiro_banco(> WHEN nota_final BETWEEN 9.00 AND 10.0 THEN 'Conceito A'
primeiro_banco(> WHEN nota_final BETWEEN 7.00 AND 8.99 THEN 'Conceito B'
primeiro_banco(> WHEN nota_final BETWEEN 5.00 AND 6.99 THEN 'Conceito C'
primeiro_banco(> WHEN nota_final BETWEEN 2.00 AND 4.99 THEN 'CONCEITO D'
primeiro_banco(> WHEN nota_final BETWEEN 0.00 AND 1.99 THEN 'Conceito E'
```

```
primeiro_banco(> ELSE 'Nota não informada'
primeiro_banco(> END) as Conceito,
primeiro_banco-> COUNT(*)
primeiro_banco-> FROM aluno_na_disciplina
primeiro_banco-> GROUP BY 1;

  conceito  |  count
------------+----------
 Conceito C |    1
 Conceito A |    6
 Conceito B |    7
 CONCEITO D |    1
(4 rows)
```

13.6 - Usando o SELECT INTO

O comando SELECT INTO cria uma nova tabela a partir de uma outra jabela já existente. A nova tabela terá as colunas retornadas pelo SELECT.

Este comando cria uma cópia da tabela disciplina com dados do curso de informática. A nova tabela possui o nome de disciplina_informática.

```
primeiro_banco=> SELECT * INTO disciplina_informatica FROM disciplina
primeiro_banco->        WHERE cod_curso='Inf';
SELECT

primeiro_banco=> SELECT * FROM disciplina_informatica;
```

cod_disciplina	descricao	num_credito	cod_curso	cod_disciplina _pre_requisito
D03	Sistema Operacional	3	Inf	
D04	Lógica	3	Inf	
D05	Banco de Dados I	4	Inf	
D20	Programação web	4	Inf	
D06	Banco de Dados II	4	Inf	D05
D07	Banco de Dados III	4	Inf	D06

```
(6 rows)
```

Dica 1: É recomendado o uso do comando CREATE TABLE que produz um resultado similar ao SELECT INTO.

Dica 2: O SELECT INTO não pode ser usado na linguagem PL/PGSQL.

14

Usando a Linguagem SQL para Exibir Dados de Várias Tabelas (JOIN) no Padrão ANSI

Quando uma consulta recupera dados de duas ou mais tabelas, dizemos que estamos fazendo uma junção(JOIN).

Caso apareça o mesmo nome de coluna em mais de uma tabela, o nome da coluna deve estar prefixado com o nome da tabela.

14.1 - Produto Cartesiano

O produto cartesiano acontece quando uma consulta usa duas ou mais tabelas e a condição de junção for completamente inválida ou simplesmente omitida. O resultado desta consulta recupera todas as combinações possíveis entre todas as linhas das tabelas participantes da junção. Dificilmente teremos uma aplicação que use todas as linhas da primeira tabela unidas a todas as linhas da segunda.

Para evitar um produto cartesiano, devemos sempre incluir uma condição de junção válida. Geralmente as colunas da condição de junção envolvidas são as chaves primária e estrangeira.

O exemplo a seguir mostra que a primeira tabela(curso) possui 4 linhas, a segunda tabela(disciplina) possui 13 e o produto cartesiano entre as duas tabelas(4 X 13) resulta em 52 linhas.

```
primeiro_banco=> SELECT COUNT(*) FROM curso;
 count
_____
    4
(1 row)

primeiro_banco=> SELECT COUNT(*) FROM disciplina;
 count
_____
   13
(1 row)

primeiro_banco=> SELECT COUNT(*) FROM curso
primeiro_banco->         CROSS JOIN disciplina;
 count
_____
   52
(1 row)

primeiro_banco=> SELECT * FROM t1;

 num | nome
_____+_____
   1 | a
   2 | b
   3 | c
(3 rows)

primeiro_banco=> SELECT * FROM t2;

 num | valor
_____+_____
   1 | xxx
   3 | yyy
   5 | zzz
```

14.2 - Natural JOIN

Este tipo de join faz a junção de todas as colunas de mesmo nome em ambas das tabelas envolvidas.

No exemplo seguinte o NATURAL JOIN usa a coluna cod_disciplina contidas nas duas tabelas envolvidas para fazer a junção.

```
primeiro_banco=> SELECT ad.matricula, ad.cod_disciplina,
primeiro_banco=>          d.cod_disciplina,d.descricao
primeiro_banco->       FROM aluno_na_disciplina ad
primeiro_banco->       NATUARL JOIN disciplina d;
```

matricula	cod_disciplina	cod_disciplina	descricao
m001	D02	D02	Português
m001	D11	D11	Direito Civil
m001	D12	D12	Direito Tributário
m002	D13	D13	Álgebra
m002	D01	D01	Matemática I
m004	D02	D02	Português
m005	D04	D04	Lógica
m006	D12	D12	Direito Tributário
m006	D11	D11	Direito Civil
m013	D03	D03	Sistema Operacional
m013	D07	D07	Banco de Dados III
m011	D03	D03	Sistema Operacional
m011	D06	D06	Banco de Dados II
m012	D12	D12	Direito Tributário

```
(14 rows)
```

Erro comum:

```
primeiro_banco=> CREATE TABLE teste1(a numeric(2));
CREATE TABLE
primeiro_banco=> CREATE TABLE teste2(a char(2), b char(5));
CREATE TABLE
primeiro_banco=> INSERT INTO teste1 values(1);
INSERT 17607 1
primeiro_banco=> INSERT INTO teste1 values(2);
INSERT 17608 1
primeiro_banco=> INSERT INTO teste2 values(1,'aaa');
INSERT 17609 1
primeiro_banco=> SELECT * FROM teste1 NATURAL JOIN teste2;
ERROR:  JOIN/USING types numeric and character cannot be matched
ERROR:  JOIN/USING types numeric and character cannot be matched
```

Dica: Se a coluna tiver o mesmo nome, mas possuir diferentes tipos de dados, um erro será exibido.

```
primeiro_banco=> SELECT * FROM t1 NATURAL INNER JOIN t2;
```

```
 num | nome | valor
-----+------+-------
   1 | a    | xxx
   3 | c    | yyy
(2 rows)
```

14.3 - JOIN USING (Junções Idênticas ou Simples)

Se várias colunas possuem o mesmo nome e você não quer usar todas elas na junção, você pode usar a opção USING para especificar uma determinada coluna ou colunas.

O comando a seguir exibe o nome da curso (tabela curso), código do curso (tabela curso), código do curso (tabela disciplina) e o nome da disciplina (tabela disciplina) que o curso possui.

```
primeiro_banco=> SELECT curso.descricao as "nome do curso",
primeiro_banco->        curso.cod_curso, disciplina.cod_curso,
primeiro_banco->        disciplina.descricao
primeiro_banco->        as "nome da disciplina"
primeiro_banco->        FROM curso JOIN disciplina
primeiro_banco->        USING(cod_curso);
```

```
    nome do curso      | cod_curso | cod_curso | nome da disciplina
-----------------------+-----------+-----------+--------------------
 Engenharia de Sistemas | Eng       | Eng       | Matemática I
 Letras                 | Let       | Let       | Português
 Informática            | Inf       | Inf       | Sistema Operacional
 Informática            | Inf       | Inf       | Lógica
 Informática            | Inf       | Inf       | Banco de Dados I
 Informática            | Inf       | Inf       | Banco de Dados II
 Informática            | Inf       | Inf       | Banco de Dados III
 Engenharia de Sistemas | Eng       | Eng       | Matemática II
 Engenharia de Sistemas | Eng       | Eng       | Matemática III
 Engenharia de Sistemas | Eng       | Eng       | Matemática IV
 Direito                | Dir       | Dir       | Direito Civil
 Direito                | Dir       | Dir       | Direito Tributário
 Engenharia de Sistemas | Eng       | Eng       | Álgebra
 Letras                 | Let       | Let       | Inglês
(14 rows)
```

O comando a seguir faz um filtro para recuperar apenas os cursos de Direito (Dir) e Letras (Let).

```
primeiro_banco=> SELECT curso.descricao as "nome do curso",
primeiro_banco=>        curso.cod_curso, disciplina.cod_curso,
primeiro_banco->        disciplina.descricao as
primeiro_banco->        "nome da disciplina"
primeiro_banco->        FROM curso JOIN disciplina
primeiro_banco->        USING(cod_curso)
primeiro_banco->        WHERE cod_curso IN('Let','Dir');
```

nome do curso	cod_curso	cod_curso	nome da disciplina
Letras	Let	Let	Português
Direito	Dir	Dir	Direito cível
Direito	Dir	Dir	Direito Tributário
Letras	Let	Let	Inglês

(4 rows)

Erro comum:

```
primeiro_banco=> SELECT curso.descricao as "nome do curso",
primeiro_banco=>        curso.cod_curso, disciplina.cod_curso,
primeiro_banco->        disciplina.descricao as
primeiro_banco->        "nome da disciplina"
primeiro_banco->        FROM curso JOIN disciplina
primeiro_banco->        USING(disciplina.cod_curso)
primeiro_banco->        WHERE cod_curso IN('Let','Dir');
ERROR:  syntax error at or near "." at character 171
ERROR:  syntax error at or near "." at character 171
LINE 4: USING(disciplina.cod_curso)

primeiro_banco=> SELECT * FROM t1 INNER JOIN t2 USING (num);
```

num	nome	valor
1	a	xxx
3	c	yyy

(2 rows)

Dica: As colunas que são referenciadas na cláusula USING não podem ser qualificadas com o Nome da tabela ou alias.

104 | DOMINANDO O PostgreSQL

• Usando o JOIN não padrão ANSI

```
primeiro_banco=> SELECT curso.descricao,curso.cod_curso,
primeiro_banco=>         disciplina.cod_curso,disciplina.descricao
primeiro_banco->         FROM curso,disciplina
primeiro_banco->         WHERE curso.cod_curso = disciplina.cod_curso;
```

• Usando apelido de tabela (alias)

O apelido de tabela facilita na construção de um menor código SQL. Uma vez determinado o apelido para a tabela, não mais podemos usar o seu nome original em toda a instrução SQL.

No próximo exemplo fazemos a junção de três tabelas e também usamos apelido de tabelas.

```
primeiro_banco=> SELECT a.nome as nome,d.descricao
primeiro_banco->         FROM aluno a
primeiro_banco->         JOIN aluno_na_disciplina ad
primeiro_banco->         USING(matricula)
primeiro_banco->         JOIN disciplina d
                        USING(cod_disciplina);
```

```
        nome          |        descricao
----------------------+-------------------------
 Ana Arruda           | Português
 Ana Arruda           | Direito cívil
 Ana Arruda           | Direito Tributário
 Rene Santos de Castro | Álgebra
 Rene Santos de Castro | Matemática I
 Flávio alcantara     | Português
 Lúcia Ruas           | Lógica
 Adriana Araujo       | Direito Tributário
 Adriana Araujo       | Direito cívil
 Leonardo Valente     | Sistema Operacional
 Leonardo Valente     | Banco de Dados III
 Paulo Matta          | Sistema Operacional
 Paulo Matta          | Banco de Dados II
 Cristina Matta       | Direito Tributário
(14 rows)
```

• Usando o JOIN não padrão ANSI

```
primeiro_banco=>  SELECT a.nome as nome,d.descricao
primeiro_banco->          FROM aluno a,aluno_na_disciplina ad,
primeiro_banco->          disciplina d
```

```
primeiro_banco->            WHERE a.matricula = ad.matricula
primeiro_banco->            AND ad.cod_disciplina = d.cod_disciplina;
```

Dica: Prefixando o nome da coluna com o nome da tabela ou com o apelido, você facilitará o processo do analisador SQL, pelo fato dele não precisar perder tempo para descobrir o nome da tabela que a coluna pertence.

14.4 - JOIN ON

Quando você não possui colunas com o mesmo nome ou você quer especificar as colunas das tabelas envolvidas, o JOIN ON pode ser usado.

```
primeiro_banco=> SELECT c.descricao as "nome do curso",
primeiro_banco->        c.cod_curso, d.cod_curso,
primeiro_banco->        d.descricao as "nome da disciplina"
primeiro_banco->        FROM curso c join disciplina d
primeiro_banco->        ON (c.cod_curso = d.cod_curso)
primeiro_banco->        ORDER BY 1;
```

nome do curso	cod_curso	cod_curso	nome da disciplina
Direito	Dir	Dir	Direito Tributário
Direito	Dir	Dir	Direito Civil
Direito	Dir	Dir	Português
Engenharia de Sistemas	Eng	Eng	Matemática II
Engenharia de Sistemas	Eng	Eng	Matemática III
Engenharia de Sistemas	Eng	Eng	Matemática IV
Engenharia de Sistemas	Eng	Eng	Álgebra
Engenharia de Sistemas	Eng	Eng	Matemática I
Informática	Inf	Inf	Sistema Operacional
Informática	Inf	Inf	Lógica
Informática	Inf	Inf	Banco de Dados I
Informática	Inf	Inf	Banco de Dados II
Informática	Inf	Inf	Banco de Dados III

(13 rows)

```
primeiro_banco=> SELECT * FROM t1 INNER JOIN t2 ON t1.num = t2.num;
```

num	nome	num	valor
1	a	1	xxx
3	c	3	yyy

(2 rows)

14.5 - JOIN de Múltiplas Tabelas

As junções são realizadas da esquerda para direita. A primeira condição de junção (join) pode apenas relacionar colunas da primeira e segunda tabelas; a segunda condição de junção (join) pode relacionar colunas da primeira, segunda e terceira tabela e assim sucessivamente.

```
primeiro_banco=> SELECT a.nome,d.descricao as "nome da disciplina",
primeiro_banco->         c.descricao as "nome do curso",ad.periodo,
primeiro_banco->         ad.nota_final
primeiro_banco->         FROM aluno a
primeiro_banco->         JOIN aluno_na_disciplina ad ON a.matricula =
primeiro_banco->         ad.matricula
primeiro_banco->         JOIN disciplina d ON ad.cod_disciplina =
primeiro_banco->         d.cod_disciplina
primeiro_banco->         JOIN curso c ON d.cod_curso = c.cod_curso;
```

nome	nome da disciplina	nome do curso	periodo	nota_final
Ana Arruda	Português	Letras	2000-07-01	7.90
Ana Arruda	Direito Civil	Direito	2000-07-01	9.90
Ana Arruda	Direito Tributário	Direito	2000-07-01	7.00
Rene Santos de Castro	Álgebra	Engenharia de Sistemas	2000-07-03	6.00
Rene Santos de Castro	Matemática I	Engenharia de Sistemas	2000-07-03	7.00
Flávio Alcântara	Português	Letras	2000-12-01	7.70
Lúcia Ruas	Lógica	Informática	2000-12-05	9.00
Adriana Araujo	Direito Tributário	Direito	2004-03-01	10.00
Adriana Araujo	Direito Civil	Direito	2004-03-01	10.00
Leonardo Valente	Sistema Operacional	Informática	2004-03-01	8.00
Leonardo Valente	Banco de Dados III	Informática	2001-03-01	10.00
Paulo Matta	Sistema Operacional	Informática	2004-03-01	7.80
Paulo Matta	Banco de Dados II	Informática	2004-03-01	8.00
Cristina Matta	Direito Tributário	Direito	2004-03-01	10.00

(14 rows)

14.6 - Como Adicionar Condições na Cláusula JOIN

```
primeiro_banco=> SELECT c.descricao as "nome do curso",
primeiro_banco->         c.cod_curso, d.cod_curso,d.descricao
primeiro_banco->         as "nome da disciplina"
primeiro_banco->         FROM curso c JOIN disciplina d
primeiro_banco->         ON (c.cod_curso = d.cod_curso)
primeiro_banco->         AND num_credito IN(3,4);
```

nome do curso	cod_curso	cod_curso	nome da disciplina
Informática	Inf	Inf	Banco de Dados III
Informática	Inf	Inf	Banco de Dados II
Informática	Inf	Inf	Banco de Dados I
Informática	Inf	Inf	Lógica
Informática	Inf	Inf	Sistema Operacional
Engenharia de Sistemas	Eng	Eng	Matemática I
Engenharia de Sistemas	Eng	Eng	Álgebra
Engenharia de Sistemas	Eng	Eng	Matemática IV
Engenharia de Sistemas	Eng	Eng	Matemática III
Engenharia de Sistemas	Eng	Eng	Matemática II
Direito	Dir	Dir	Direito cível
Direito	Dir	Dir	Direito Tributário

(12 rows)

• Usando a Cláusula WHERE

```
primeiro_banco=> SELECT c.descricao as "nome do curso",
primeiro_banco->          c.cod_curso, d.cod_curso,d.descricao
primeiro_banco->          as "nome da disciplina"
primeiro_banco->          FROM curso c JOIN disciplina d
primeiro_banco->          ON (c.cod_curso = d.cod_curso)
primeiro_banco->          WHERE num_credito IN(3,4);
```

nome do curso	cod_curso	cod_curso	nome da disciplina
Informática	Inf	Inf	Banco de Dados III
Informática	Inf	Inf	Banco de Dados II
Informática	Inf	Inf	Banco de Dados I
Informática	Inf	Inf	Lógica
Informática	Inf	Inf	Sistema Operacional
Engenharia de Sistemas	Eng	Eng	Matemática I
Engenharia de Sistemas	Eng	Eng	Álgebra
Engenharia de Sistemas	Eng	Eng	Matemática IV
Engenharia de Sistemas	Eng	Eng	Matemática III
Engenharia de Sistemas	Eng	Eng	Matemática II
Direito	Dir	Dir	Direito cível
Direito	Dir	Dir	Direito Tributário

(12 rows)

14.7 - Non Equi Joins (Junções Não Indênticas)

Este tipo de junção usa um operador diferente do igual (=) para fazer a junção entre tabelas que não há correspondência entre colunas de uma tabela com colunas de outra.

No exemplo seguinte usamos o JOIN ON entre as tabelas aluno e aluno_na_disciplina e o operador BETWEEN para fazer a junção não idêntica entre as tabelas aluno_na_disciplina e a tabela grade_conceito. Cada conceito corresponde a uma faixa de notas.

```
primeiro_banco=> SELECT a.nome, ad.nota_final, g.conceito
primeiro_banco->        FROM aluno a
primeiro_banco->        JOIN aluno_na_disciplina ad
primeiro_banco->        ON a.matricula = ad.matricula
primeiro_banco->        JOIN grade_conceito g
primeiro_banco->        ON ad.nota_final between g.menor_nota
primeiro_banco->        AND maior_nota;

         nome          | nota_final | conceito
-----------------------+------------+----------
 Ana Arruda            |       9.90 | A
 Lúcia Ruas            |       9.00 | A
 Adriana Araujo        |      10.00 | A
 Adriana Araujo        |      10.00 | A
 Leonardo Valente      |      10.00 | A
 Cristina Matta        |      10.00 | A
 Ana Arruda            |       7.90 | B
 Ana Arruda            |       7.00 | B
 Rene Santos de Castro |       7.00 | B
 Flávio alcantara      |       7.70 | B
 Leonardo Valente      |       8.00 | B
 Paulo Matta           |       7.80 | B
 Paulo Matta           |       8.00 | B
 Rene Santos de Castro |       6.00 | C
 Ana Arruda            |       4.00 | D
(15 rows)
```

14.8 - OUTER JOINS (Junções Externas)

Quando a condição satisfaz somente uma das tabelas participantes do JOIN, ou seja, um lado da igualdade, a linha não aparecerá no resultado. O *OUTER JOIN* pode ser usado para recuperar dados de uma tabela, mesmo que não exista linhas correspondentes para satisfazer a junção. O padrão ANSI permite especificar 3 tipos de JOIN: LEFT OUTER JOIN, RIGHT OUTER JOIN e FULL OUTER JOIN.

Dica: A palavra OUTER entre o LEFT e o JOIN é opcional.

14.8.1 - LEFT OUTER JOIN

Este tipo de JOIN retorna linhas que satisfazem a iguadade da junção, como também as linhas da tabela do lado esquerdo da igualdade, que não a satisfazem.

• Usando o JOIN USING com o OUTER JOIN

```
primeiro_banco=> SELECT a.nome, ad.cod_disciplina
primeiro_banco->        FROM aluno a
primeiro_banco->        LEFT OUTER JOIN aluno_na_disciplina ad
primeiro_banco->        USING(matricula);
```

```
          nome            | cod_disciplina
--------------------------+----------------
 Ana Arruda               | D02
 Ana Arruda               | D02
 Ana Arruda               | D11
 Ana Arruda               | D12
 Rene Santos de Castro    | D01
 Rene Santos de Castro    | D13
 Haydee Regina de Castro  |
 Flávio alcantara         | D02
 Lúcia Ruas               | D04
 Adriana Araujo           | D11
 Adriana Araujo           | D12
 Maurício Ferreira        |
 Edmar                    |
 Sergio Saud              |
 Roberta Saud             |
 Paulo Matta              | D03
 Paulo Matta              | D06
 Cristina Matta           | D12
 Leonardo Valente         | D03
 Leonardo Valente         | D07
 Vitor Blanco da Costa    |
(21 rows)
```

```
primeiro_banco=> SELECT * FROM t1 LEFT JOIN t2 USING (num);
```

```
num | nome | valor
----+------+------
  1 | a    | xxx
  2 | b    |
  3 | c    | yyy
(3 rows)
```

110 | DOMINANDO O POSTGRESQL

• Usando o JOIN ON com o OUTER JOIN

```
primeiro_banco=> SELECT a.nome, ad.cod_disciplina
primeiro_banco->         FROM aluno a
primeiro_banco->         LEFT OUTER JOIN aluno_na_disciplina ad
primeiro_banco->         ON a.matricula = ad.matricula;
```

nome	cod_disciplina
Ana Arruda	D02
Ana Arruda	D02
Ana Arruda	D11
Ana Arruda	D12
Rene Santos de Castro	D01
Rene Santos de Castro	D13
Haydee Regina de Castro	
Flávio alcantara	D02
Lúcia Ruas	D04
Adriana Araujo	D11
Adriana Araujo	D12
Maurício Ferreira	
Edmar	
Sergio Saud	
Roberta Saud	
Paulo Matta	D03
Paulo Matta	D06
Cristina Matta	D12
Leonardo Valente	D03
Leonardo Valente	D07
Vitor Blanco da Costa	

(21 rows)

```
primeiro_banco=> SELECT * FROM t1 LEFT JOIN t2 ON t1.num = t2.num;
```

num	nome	num	valor
1	a	1	xxx
2	b		
3	c	3	yyy

(3 rows)

• Usando o NATURAL JOIN com o OUTER JOIN

```
primeiro_banco=> SELECT a.nome, ad.cod_disciplina
primeiro_banco->         FROM aluno a
primeiro_banco->         NATURAL LEFT OUTER JOIN aluno_na_disciplina ad;
```

Capítulo 14 – Usando a Linguagem SQL para Exibir
Dados de Várias Tabelas (JOIN) no Padrão ANSI | **111**

```
        nome          | cod_disciplina
----------------------+----------------
 Ana Arruda           | D02
 Ana Arruda           | D02
 Ana Arruda           | D11
 Ana Arruda           | D12
 Rene Santos de Castro | D01
 Rene Santos de Castro | D13
 Haydee Regina de Castro |
 Flávio alcantara     | D02
 Lúcia Ruas           | D04
 Adriana Araujo       | D11
 Adriana Araujo       | D12
 Maurício Ferreira    |
 Edmar                |
 Sergio Saud          |
 Roberta Saud         |
 Paulo Matta          | D03
 Paulo Matta          | D06
 Cristina Matta       | D12
 Leonardo Valente     | D03
 Leonardo Valente     | D07
 Vitor Blanco da Costa |
(21 rows)
```

14.8.2 - RIGHT OUTER JOIN

Este tipo de join retorna linhas que satisfazem a iguadade da junção, como
também as linhas da tabela do lado direito da igualdade, que não a satisfazem.

• Usando o JOIN USING com o OUTER JOIN

```
primeiro_banco=> SELECT a.nome, ad.cod_disciplina
primeiro_banco->        FROM aluno_na_disciplina ad
primeiro_banco->        RIGHT OUTER JOIN aluno a
primeiro_banco->        USING(matricula);

        nome          | cod_disciplina
----------------------+----------------
 Ana Arruda           | D02
 Ana Arruda           | D02
 Ana Arruda           | D11
 Ana Arruda           | D12
 Rene Santos de Castro | D01
 Rene Santos de Castro | D13
 Haydee Regina de Castro |
 Flávio alcantara     | D02
 Lúcia Ruas           | D04
```

```
 Adriana Araujo            | D11
 Adriana Araujo            | D12
 Maurício Ferreira         |
 Edmar                     |
 Sergio Saud               |
 Roberta Saud              |
 Paulo Matta               | D03
 Paulo Matta               | D06
 Cristina Matta            | D12
 Leonardo Valente          | D03
 Leonardo Valente          | D07
 Vitor Blanco da Costa     |
(21 rows)


primeiro_banco=> SELECT * FROM t1 RIGHT JOIN t2 USING (num);

 num | nome | num | valor
—-+—-+—+——-
   1 | a    |   1 | xxx
   3 | c    |   3 | yyy
     |      |   5 | zzz
(3 rows)
```

• Usando o JOIN ON com o OUTER JOIN

```
primeiro_banco=> SELECT a.nome, ad.cod_disciplina
primeiro_banco->        FROM aluno_na_disciplina ad
primeiro_banco->        RIGTH OUTER JOIN aluno a
primeiro_banco->        ON ad.matricula = a.matricula;

primeiro_banco=> SELECT * FROM t1 RIGHT JOIN t2 ON t1.num = t2.num;

 num | nome | num | valor
———-+———-+———+————-
   1 | a    |   1 | xxx
   3 | c    |   3 | yyy
     |      |   5 | zzz
(3 rows)
```

• Usando o NATURAL JOIN com o OUTER JOIN

```
primeiro_banco=> SELECT a.nome, ad.cod_disciplina
primeiro_banco->        FROM aluno_na_disciplina ad
primeiro_banco->        NATURAL RIGHT OUTER JOIN  aluno a;
```

14.8.3 - FULL OUTER JOIN

Este tipo de join retorna linhas que satisfazem a iguadade da junção, como também as linhas que não satisfazem.

```
primeiro_banco=> SELECT * FROM t1 FULL JOIN t2 ON t1.num = t2.num;
```

```
 num | nome | num | valor
-----+------+-----+-------
   1 | a    |   1 | xxx
   2 | b    |     |
   3 | c    |   3 | yyy
     |      |   5 | zzz
(4 rows)
```

14.8.4 - SELF JOIN (Auto Join)

Este tipo de join é usado quando se deseja unir uma tabela a ela mesma. Neste tipo de join, você analisa a tabela duas vezes.

Representa uma hierarquia como peças que compõem peças, gerente de um determinado empregado, pré-requisito de uma disciplina e outras. É necessário o uso de *alias* para diferenciar as tabelas.

O comando a seguir exibe o nome da disciplina e o nome da disciplina que é pré-requisito. Por exemplo, para cursar banco de dados II é preciso ter feito banco de dados I.

```
primeiro_banco=> SELECT d1.descricao as "nome da disciplina",
primeiro_banco->        d2.descricao as "nome da disciplina
primeiro_banco->        pré-requisito"
primeiro_banco->        FROM disciplina d1 JOIN disciplina d2
primeiro_banco->        ON d1.cod_disciplina =
primeiro_banco->        d2.cod_disciplina_requisito
primeiro_banco->        ORDER BY 1;
```

```
 nome da disciplina | nome da disciplina pré-requisito
--------------------+---------------------------------
 Banco de Dados I   | Banco de Dados II
 Banco de Dados II  | Banco de Dados III
 Matemática I       | Matemática II
 Matemática II      | Matemática III
 Matemática III     | Matemática IV
(5 rows)
```

15

FUNÇÕES DE GRUPO

As funções de grupo operam em conjuntos, possibilitando o agrupamento dos dados.

FUNÇÃO	DESCRIÇÃO
AVG(n)	Retorna a média aritmética de n
COUNT(*)	Retorna o total de linhas da tabela, inclusive duplicadas.
COUNT(coluna)	Retorna o total de linhas não nulas.
MAX(n)	Retorna o valor máximo de n.
MIN(n)	Retorna o valor mínimo de n.
STDDEV(n)	Retorna o desvio padrão de n.
SUM(n)	Retorna os valores de n somados.
VARIANCE(n)	Retorna a variação de n.

Dica: Todas as funções ignoram os valores nulos, com exceção da função count(*).

```
primeiro_banco=> SELECT matricula,nota_final
primeiro_banco=>           FROM aluno_na_disciplina
primeiro_banco=>           WHERE matricula='m001';

 matricula | nota_final
-----------+------------
 m001      |       4.00
 m001      |       7.90
 m001      |       9.90
 m001      |       7.00
(4 rows)
```

15.1 Usando a Função de Grupo AVG

A função AVG é usada para calcular a média aritmética dos valores armazenados em um tipo de dado numérico, ignorando os valores nulos.

```
primeiro_banco=> SELECT avg(nota_final)
primeiro_banco=>           FROM aluno_na_disciplina
primeiro_banco=>           WHERE matricula='m001';

        avg
--------------------
 7.2000000000000000
(1 row)
```

15.2 - Usando a Função de Grupo COUNT(*)

A função COUNT(*) retorna o número de linhas em uma tabela, incluindo linhas duplicadas e linhas contendo valores nulos em qualquer uma das colunas.

O comando seguinte retorna o total de disciplinas do curso de Informática.

```
primeiro_banco=> SELECT count(*)
primeiro_banco=>           FROM disciplina
primeiro_banco=>           WHERE cod_curso='Inf';

 count
-------
     6
(1 row)
```

15.3 - Usando a Função de Grupo COUNT (coluna)

A função COUNT(coluna) retorna o número de linhas não nulas.

O comando seguinte retorna o total de disciplinas do curso de Informática que possuem a coluna "num_credito" preenchida.

```
primeiro_banco=> SELECT count(num_credito)
primeiro_banco=>         FROM disciplina
primeiro_banco=>         WHERE cod_curso='Inf';

 count
_____
   5
(1 row)
```

15.4 - Usando a Função de Grupo MAX

A função MAX é usada para calcular o valor máximo armazenado em um tipo de dado numérico, alfanumérico ou data , ignorando os valores nulos.

```
primeiro_banco=> SELECT max(nota_final)
primeiro_banco=>         FROM aluno_na_disciplina
primeiro_banco=>         WHERE matricula='m001';

 max
_____
 9.90
(1 row)
```

15.5 - Usando a Função de Grupo MIN

A função MIN é usada para calcular o valor mínimo armazenado em um tipo de dado numérico, alfanumérico ou data, ignorando os valores nulos.

```
primeiro_banco=> SELECT min(nota_final)
primeiro_banco=>         FROM aluno_na_disciplina
primeiro_banco=>         WHERE matricula='m001';

 min
_____
 4.00
(1 row)
```

15.6 - Usando a Função de Grupo SUM

A função SUM é usada para calcular o somatório dos valores armazenados em um tipo de dado numérico, ignorando os valores nulos.

```
primeiro_banco=> SELECT sum(nota_final)
primeiro_banco=>         FROM aluno_na_disciplina
primeiro_banco=>         WHERE matricula='m001';

  sum
---------
 28.80
(1 row)
```

15.7 - Função STDDEV

É a medida de dispersão que se baseia nos desvios em torno da média aritmética. Ou seja, é a raiz quadrada da variance.

15.8 - Função VARIANCE

É o desvio padrão elevado ao quadrado. Tem muita utilidade em combinações de amostra.

Dica: O PostgreSQL ainda não implementa otimização com o uso de índice para funções MAX() ,e MIN().

Sendo assim, para contornamos esta situação, podemos construir uma consulta similar, usando o ASC para a função min() e DESC para a função max() em conjunto com a cláusula LIMIT.

```
SELECT coluna FROM nome_da_tabela ORDER BY coluna ASC LIMIT 1
```

16

FUNÇÕES DE DATA E HORA

16.1 - USANDO A FUNÇÃO CURRENT_DATE

A função CURRENT_DATE retorna a data do sistema.

```
primeiro_banco=> SELECT current_date;

    date
_____
 2005-09-14
(1 row)
```

16.2 - USANDO A FUNÇÃO CURRENT_TIME

A função CURRENT_TIME retorna a hora do sistema.

```
primeiro_banco=> SELECT current_time;

      timetz
_____
 17:24:55.881032-03
(1 row)
```

16.3 - Usando a Função CURRENT_TIMESTAMP

A função CURRENT_TIMESTAMP retorna a data e a hora do sistema.

```
primeiro_banco=> SELECT current_timestamp;

           timestamptz
------------------------------------
 2005-09-14 17:24:20.674363-03
(1 row)
```

16.4 - Usando a Função DATE_PART

É equivalente à função date_part

```
primeiro_banco=> SELECT date_part('hours',current_timestamp);

 date_part
-----------
     7
(1 row)

primeiro_banco=> SELECT date_part('month',current_timestamp);

 date_part
-----------
     9
(1 row)
```

16.5 - Usando a Função DATE_TRUNC

```
primeiro_banco=> SELECT date_trunc('hour',current_timestamp);

      date_trunc
------------------------
 2005-09-14 17:00:00-03
(1 row)
```

16.6 - Usando a Função **EXTRACT**

```
primeiro_banco=> SELECT extract(day from current_timestamp);

 date_part
_____-
    14
(1 row)

primeiro_banco=> SELECT extract(decade from current_timestamp);

 date_part
_____-
   200
(1 row)

primeiro_banco=> SELECT extract(dow from current_timestamp);

 date_part
_____-
    3
(1 row)

primeiro_banco=> SELECT extract(doy from current_timestamp);

 date_part
_____-
   257
(1 row)

primeiro_banco=> SELECT extract(epoch from current_timestamp);

    date_part
_____
 1126730837.54434
(1 row)

primeiro_banco=> SELECT extract(hour from current_timestamp);

 date_part
_____-
    17
(1 row)

primeiro_banco=> SELECT extract(minute from current_timestamp);

 date_part
_____-
    47
(1 row)
```

```
primeiro_banco=> SELECT extract(month from current_timestamp);

 date_part
_____
     9
(1 row)

primeiro_banco=> SELECT extract(quarter from current_timestamp);

 date_part
_____
     3
(1 row)

primeiro_banco=> SELECT extract(second from current_timestamp);

 date_part
_____
 24.448262
(1 row)

primeiro_banco=> SELECT extract(year from current_timestamp);

 date_part
_____
    2005
(1 row)
```

16.7 - Usando a Função NOW( )

É equivalente à função current_timestamp

```
primeiro_banco=> SELECT now();

             now
_____
 2005-09-14 17:42:25.795922-03
(1 row)
```

16.8 - Usando a Função TIMEOFDAY

```
primeiro_banco=> SELECT timeofday();

              timeofday
_____
 Wed Sep 14 17:44:46.405734 2005 BRT
(1 row)
```

17

CRIANDO GRUPOS DE DADOS

Até agora todas as funções de grupo trataram a tabela como um todo. As vezes, desejamos produzir o resultado separado por cada grupo de linhas. A cláusula GROUP BY divide a as linhas de uma ou mais tabelas em grupos menores de linhas.

Sintaxe:

```
SELECT coluna_do_group_by, função de grupo
      FROM nome_da_tabela
      GROUP BY coluna_do_grupo_by
      HAVING coluna;
```

17.1 - USANDO CLÁUSULA GROUP BY EM UMA COLUNA

A cláusula GROUP BY condensa em uma única linha todas as linhas que possuem o mesmo valor da coluna do GROUP BY. Você deve garantir que todas as colunas na lista SELECT, que não estejam nas funções de Grupo, devem estar na cláusula GROUP BY.

124 | DOMINANDO O POSTGRESQL

```
primeiro_banco=> SELECT matricula,nome,sexo FROM aluno;

 matricula |              nome              | sexo
-----------+--------------------------------+------
 m002      | Rene Santos de Castro          | M
 m004      | Flávio alcantara               | M
 m007      | Maurício Ferreira              | M
 m008      | Edmar                          | M
 m009      | Sergio Saud                    | M
 m011      | Paulo Matta                    | M
 m013      | Leonardo Valente               | M
 m001      | Ana Arruda                     | F
 m003      | Haydee Regina de Castro        | F
 m005      | Lúcia Ruas                     | F
 m006      | Adriana Araujo                 | F
 m010      | Roberta Saud                   | F
 m012      | Cristina Matta                 | F
(13 rows)

primeiro_banco=> SELECT sexo, COUNT(*) FROM aluno
primeiro_banco->            GROUP BY sexo;

 sexo | count
------+-------
  M   |   7
  F   |   6
(2 rows)

primeiro_banco=> SELECT cod_disciplina,COUNT(*) as "total de alunos",
primeiro_banco->            AVG(nota_final) as "Média da Disciplina",
primeiro_banco->            MAX(nota_final) as "Maior Nota da Disciplina",
primeiro_banco->            MIN(nota_final) as "Menor Nota da Disciplina"
primeiro_banco->            FROM aluno_na_disciplina
primeiro_banco->            GROUP BY cod_disciplina
primeiro_banco->            ORDER BY 1 ASC;

 cod_disciplina | total de | Média da   | Maior Nota da | Menor Nota da
                | alunos   | Disciplina | Disciplina    | Disciplina
----------------+----------+------------+---------------+---------------
            D01 |        1 | 7.00000000 |          7.00 |          7.00
            D02 |        3 | 6.53333333 |          7.90 |          4.00
           D032 |        2 | 7.90000000 |          8.00 |          7.80
            D04 |        1 | 9.00000000 |          9.00 |          9.00
            D06 |        1 | 8.00000000 |          8.00 |          8.00
            D07 |        1 |10.00000000 |         10.00 |         10.00
            D11 |        2 | 9.95000000 |         10.00 |          9.90
            D12 |        3 | 9.00000000 |         10.00 |          7.00
            D13 |        1 | 6.00000000 |          6.00 |          6.00
(9 rows)
```

17.2 - Usando a Cláusula GROUP BY em Várias Colunas

```
primeiro_banco=> SELECT sexo,bairro,COUNT(*) FROM aluno
primeiro_banco->         GROUP BY sexo,bairro;
```

sexo	bairro	count
F	Vargem Grande	1
M	Freguesia	1
M	Vargem Grande	1
F	Recreio dos Bandeirantes	2
M	Recreio dos Bandeirantes	1
M	Barra da Tijuca	3
M		1
F	Barra da Tijuca	2
F		1
M	Barra da Tijuca	2
F	Barra da Tijuca	1

(11 rows)

17.3 - Usando a Cláusula GRUPO BY Sem a Coluna do GROUP BY na Lista SELECT

```
primeiro_banco=> SELECT sum(num_credito) FROM disciplina
primeiro_banco->         GROUP BY cod_curso;
```

sum
4
18
19
8

(4 rows)

17.4 - Usando Cláusula HAVING

Use a cláusula HAVING para limitar os grupos que serão exibidos com base nas funções de grupos.

```
primeiro_banco=> SELECT cod_disciplina,COUNT(*) as "total de alunos"
primeiro_banco->         FROM aluno_na_disciplina
primeiro_banco->         GROUP BY cod_disciplina
primeiro_banco->         HAVING COUNT(*) < 2
primeiro_banco->         ORDER BY cod_disciplina;
```

```
 cod_disciplina | total de alunos
----------------+-----------------
 D01            |               1
 D04            |               1
 D06            |               1
 D07            |               1
 D13            |               1
(5 rows)
```

- **Usando a cláusula HAVING e a cláusula WHERE na mesma instrunção SELECT**

```
primeiro_banco=> SELECT cod_curso,COUNT(*) as "Total de Disciplinas"
primeiro_banco->        FROM disciplina
primeiro_banco->        WHERE cod_curso IN('Eng','Inf')
primeiro_banco->        GROUP BY cod_curso
primeiro_banco->        HAVING COUNT(*) > 1;

 cod_curso | Total de Disciplinas
-----------+----------------------
 Inf       |                    6
 Eng       |                    5
(2 rows)
```

Dica: No PostgreSQL as funções de grupo não podem ser aninhadas.

17.5 - USANDO GROUP BY POSICIONAL

No GROUP BY Posicional, a posição numérica da coluna na lista do SELECT.

O comando seguinte exibe o código da disciplina e o total de alunos matriculados em cada uma, a função de grupo posicionalmente.

```
primeiro_banco=> SELECT cod_disciplina,COUNT(*)
primeiro_banco->        FROM aluno_na_disciplina
primeiro_banco->        GROUP BY 1;

 cod_disciplina | count
----------------+-------
 D04            |     1
 D03            |     2
 D12            |     3
 D06            |     1
 D11            |     2
 D02            |     3
 D13            |     1
 D07            |     1
 D01            |     1
(9 rows)
```

17.6 - Usando a Cláusula GROUP BY com a Expressão CASE

```
primeiro_banco=> SELECT count(*) FROM  aluno_na_disciplina
primeiro_banco-> GROUP BY
primeiro_banco-> CASE
primeiro_banco-> WHEN nota_final BETWEEN 9.00 AND 10.0 THEN 'Conceito A'
primeiro_banco-> WHEN nota_final BETWEEN 7.00 AND 8.99 THEN 'Conceito B'
primeiro_banco-> WHEN nota_final BETWEEN 5.00 AND 6.99 THEN 'Conceito C'
primeiro_banco-> WHEN nota_final BETWEEN 2.00 AND 4.99 THEN 'CONCEITO D'
primeiro_banco-> WHEN nota_final BETWEEN 0.00 AND 1.99 THEN 'Conceito E'
primeiro_banco-> ELSE 'Nota não informada'
primeiro_banco-> END;

   count
 ---------
      1
      6
      7
      1
(4 rows)
```

17.7 - Erros Comuns

Toda vez que na mesma instrução SELECT você usar uma coluna simples (COD_CURSO) junto com uma função COUNT(COD_DISCIPLINA), a coluna simples(COD_CURSO) deve obrigatoriamente aparecer na cláusula GROUP BY.

```
primeiro_banco=> SELECT cod_curso,COUNT(cod_disciplina) FROM disciplina;
ERROR: column "disciplina.cod_curso" must appear in the GROUP BY
clause or be used in an aggregate function
```

Não podemos usar a cláusula WHERE para restringir grupos de dados.

```
primeiro_banco=> SELECT cod_disciplina,COUNT(*) as "total de alunos"
primeiro_banco->         FROM aluno_na_disciplina
primeiro_banco->         WHERE COUNT(*) < 2
primeiro_banco->         GROUP BY cod_disciplina
primeiro_banco->         ORDER BY cod_disciplina;
ERROR:  aggregates not allowed in WHERE clause
```

18

SUBCONSULTAS

É um comando SELECT embutido dentro de um comando SQL. Este tipo de construção é muito útil quando você precisa recuperar linhas de uma tabela com uma condição que dependa de dados da própria.

18.1 - Usando Subconsulta de uma Única Linha

Neste tipo de subconsulta, a consulta interna(inner-SELECT num_credito ...) é a primeira a ser executada e seu resultado será utilizado pela consulta externa(outer- SELECT descricao ....).

Podemos usar os operadores de uma única linha como:

Operador	Significado
=	Igual a
>	Maior do que
>=	Maior do que ou igual a
<	Menor do que
<=	Menor do que ou igual a
<>	Diferente de

O comando seguinte exibe o nome das disciplinas que possuem o mesmo número de créditos da "Algebra".

```
primeiro_banco=> SELECT descricao FROM disciplina
primeiro_banco->          WHERE num_credito = (SELECT num_credito
primeiro_banco->          FROM disciplina
primeiro_banco->          WHERE descricao='Álgebra');

      descricao
_____

 Sistema Operacional
 Lógica
 Álgebra
(3 rows)
```

O próximo comando exibe a matrícula dos alunos que possuem nota_final maior que a média de todas as disciplinas.

```
primeiro_banco=> SELECT matricula FROM aluno_na_disciplina
primeiro_banco->          WHERE nota_final > (SELECT AVG(nota_final)
primeiro_banco->          FROM aluno_na_disciplina);

 matricula
_____

 m001
 m005
 m006
 m006
 m013
 m012
(6 rows)
```

O próximo comando exibe o nome dos alunos que são mais velhos do que o aluno de matricula "m003" e moram no mesmo bairro que o aluno de matrícula "m009".

```
primeiro_banco=> SELECT nome FROM aluno
primeiro_banco->          WHERE dt_nascimento > (SELECT dt_nascimento
primeiro_banco->          FROM aluno
primeiro_banco->          WHERE matricula='m003')
primeiro_banco->          AND bairro = (SELECT bairro FROM aluno
primeiro_banco->          WHERE matricula='m009');

         nome
_____

 Leonardo Valente
 Roberta Saud
(2 rows)
```

18.2 - Usando a Cláusula HAVING com Subconsultas

O comando a seguir exibe os código do curso e o total de disciplinas do mesmo, que possuem o total de disciplinas maior que o total de disciplinas do curso de Engenharia. Ou seja, os cursos com mais disciplinas do que o curso de Engenharia.

```
primeiro_banco=> SELECT cod_curso, COUNT(*) FROM disciplina
primeiro_banco->        GROUP BY cod_curso
primeiro_banco->        HAVING COUNT(*) > (SELECT COUNT(*)
primeiro_banco->        FROM disciplina
primeiro_banco->        WHERE cod_curso='Eng');

 cod_curso | count
-----------+-------
 Inf       |     6
(1 row)
```

18.3 - Usando Subconsulta de Várias Linhas

Neste tipo de subconsulta a consulta interna(inner-SELECT num_credito ...) é a primeira a ser executada e seu resultado será utilizado pela consulta externa(outer- SELECT descricao ....). A consulta interna pode retornar mais de uma linha.

Devemos usar os operadores de várias linhas como:

Operador	Significado
ALL	Compara o valor à esquerda do operador (valor da consulta externa) com todos os valores retornados pela subconsulta (valor da consulta interna).
ANY	Compara o valor à esquerda do operador (valor da consulta externa) com cada valor retornado pela subconsulta (valor da consulta interna), até que uma condição seja verdadeira.
IN	Verifica se o valor à esquerda do operador (valor da consulta externa) possui igualdade com qualquer elemento retornado pela subconsulta (valor da consulta interna).

Dica: Você pode usar o operador NOT com o operador IN.

132 | DOMINANDO O PostgreSQL

O comando a seguir exibe o nome e número de crédito das disciplinas que possuem o mesmo número que o menor número de créditos das disciplinas. A consulta interna é executada primeiro, e o resultado é usado para a condição da consulta principal.

```
primeiro_banco=> SELECT descricao,num_credito  FROM disciplina
primeiro_banco->              WHERE num_credito IN (SELECT MIN(num_credito)
primeiro_banco->                                    FROM disciplina
primeiro_banco->                                    GROUP BY cod_curso);

       descricao        | num_credito
------------------------+---------------
 Sistema Operacional    |          3
 Lógica                 |          3
 Álgebra                |          3
 Português              |          2
(4 rows)
```

O comando seguinte exibe o nome e número de crédito das disciplinas que possuem o número menor que qualquer menor número de crédito da disciplina de Informática que não seja a própria disciplina. O número de crédito será comparado com cada valor retornado pela subconsulta.

```
primeiro_banco=> SELECT descricao,num_credito FROM disciplina
primeiro_banco->              WHERE num_credito < ANY(SELECT num_credito
primeiro_banco->                                      FROM disciplina
primeiro_banco->                                      WHERE cod_curso='Inf')
primeiro_banco->              AND cod_curso <> 'Inf';

 descricao | num_credito
-----------+---------------
 Álgebra   |          3
 Português |          2
(2 rows)
```

Dica: < ANY significa menor do que o máximo e > ANY significa maior do que o mínimo.

O comando seguinte exibe o nome e número de crédito das disciplinas que possuem o número maior que o menor número de credito da disciplina de Informática. O número será comparado com todos os valores retornado pela subconsulta.

CAPÍTULO 18 – SUBCONSULTAS | 133

```
primeiro_banco=> SELECT descricao,num_credito  FROM disciplina
primeiro_banco->          WHERE num_credito >
primeiro_banco->          ALL (SELECT MIN(num_credito)
primeiro_banco->              FROM disciplina
primeiro_banco->              GROUP BY COD_CURSO);

      descricao      |  num_credito
---------------------+----------------
 Banco de Dados I    |      4
 Banco de Dados II   |      4
 Banco de Dados III  |      4
 Matemática II       |      4
 Matemática III      |      4
 Matemática IV       |      4
 Direito Tributário  |      4
 Matemática I        |      4
 Direito cívil       |      4
(9 rows)
```

Dica: > ALL significa maior do que o máximo e < ALL significa menor do que
o mínimo

18.4 - Usando Subconsulta de Várias Colunas

O comando a seguir exibe a matrícula dos alunos que possuem a mesma
nota final na mesma disciplina do aluno de matrícula "m012". Ele compara os
valores da coluna NOTA_FINAL e da coluna COD_DISCIPLINA de cada
linha da consulta principal (outer) com o valor da coluna NOTA_FINAL e da
coluna COD_DISCIPLINA do aluno de matrícula "m012".

```
primeiro_banco=> SELECT matricula FROM aluno_na_disciplina
primeiro_banco->          WHERE (cod_disciplina,nota_final)
primeiro_banco->          IN (SELECT cod_disciplina,nota_final
primeiro_banco->              FROM aluno_na_disciplina
primeiro_banco->              WHERE matricula='m012');

 matricula
-------------
 m006
 m012
(2 rows)
```

O próximo comando exibe a matrícula, a nota final e o código da disciplina
dos alunos que possuem a maior nota final de cada uma.

```
primeiro_banco=> SELECT matricula,nota_final,cod_disciplina
primeiro_banco->         FROM aluno_na_disciplina
primeiro_banco->         WHERE (cod_disciplina,nota_final)
primeiro_banco->         IN (SELECT cod_disciplina,MAX(nota_final)
primeiro_banco->             FROM aluno_na_disciplina
primeiro_banco->             GROUP BY cod_disciplina)
primeiro_banco->         ORDER BY 3;
```

matricula	nota_final	cod_disciplina
m002	7.00	D01
m001	7.90	D02
m013	8.00	D03
m005	9.00	D04
m011	8.00	D06
m013	10.00	D07
m006	10.00	D11
m006	10.00	D12
m012	10.00	D12
m002	6.00	D13

(10 rows)

18.5 - Usando Subconsulta na cláusula FROM (Tabela virtual)

O comando seguinte exibe a matrícula, a nota final e a média das notas de todos do alunos que possuem nota final maior que a média de suas disciplinas.

```
primeiro_banco=> SELECT t1.matricula,t1.nota_final,t2.media
primeiro_banco->         FROM aluno_na_disciplina t1
primeiro_banco->         JOIN (SELECT  cod_disciplina,
primeiro_banco->             AVG(nota_final) as media
primeiro_banco->             FROM aluno_na_disciplina
primeiro_banco->             GROUP BY cod_disciplina) t2
primeiro_banco->         ON t1.cod_disciplina = t2.cod_disciplina
primeiro_banco->         AND t1.nota_final > t2.media;
```

matricula	nota_final	media
m001	7.90	6.5333333333333333
m004	7.70	6.5333333333333333
m006	10.00	9.0000000000000000
m006	10.00	9.9500000000000000
m013	8.00	7.9000000000000000
m012	10.00	9.0000000000000000

(6 rows)

18.6 - Usando Subconsulta Correlatas

A subconsulta(INNER) correlata, é uma consulta aninhada dentro de outra consulta, onde são feitas referências às colunas da tabela principal(OUTER).

Na consulta principal é obtida uma linha candidata. O valor da coluna da consulta principal, é comparado com o valor da coluna da sub consulta. Este processo é repetido até terminar a avaliação de todas as linhas das candidatas da consulta principal. O resultado da consulta é obtido quando a condição e avaliação são verdadeiras.

O comando a seguir exibe a matrícula, a nota final e o código da disciplina dos alunos que possuem a maior nota final de cada disciplina.

```
primeiro_banco=> SELECT matricula,nota_final,cod_disciplina
primeiro_banco->        FROM aluno_na_disciplina t1
primeiro_banco->        WHERE nota_final = (SELECT MAX(nota_final)
primeiro_banco->        FROM aluno_na_disciplina t2
primeiro_banco->        WHERE t1.cod_disciplina = t2.cod_disciplina)
primeiro_banco->        ORDER BY 3;
```

matricula	nota_final	cod_disciplina
m002	7.00	D01
m001	7.90	D02
m013	8.00	D03
m005	9.00	D04
m011	8.00	D06
m013	10.00	D07
m006	10.00	D11
m006	10.00	D12
m012	10.00	D12
m002	6.00	D13

(10 rows)

O comando seguinte mostra uma subconsulta correlata usando o operador EXISTS. Este operador verifica a existência de linhas na subconsulta (INNER) com base na condição. Quando usamos o operador EXISTS, a coluna resultante da subconsulta é ignorada pelo operador.

No exemplo exibimos o nome dos alunos que estão matriculados em disciplinas.

```
primeiro_banco=> SELECT nome,t1.matricula
primeiro_banco->         FROM aluno t1
primeiro_banco->         WHERE EXISTS
primeiro_banco->         (SELECT 1 FROM aluno_na_disciplina t2
primeiro_banco->          WHERE t1.matricula = t2.matricula)
primeiro_banco->          ORDER BY 1;
```

nome	matricula
Adriana Araujo	m006
Ana Arruda	m001
Cristina Matta	m012
Rene Santos de Castro	m002
Flávio alcantara	m004
Leonardo Valente	m013
Lúcia Ruas	m005
Paulo Matta	m011
(8 rows)	

No exemplo seguinte exibimos o nome dos alunos que não estão matriculados em disciplinas.

```
primeiro_banco=> SELECT nome
primeiro_banco->         FROM aluno t1
primeiro_banco->         WHERE NOT EXISTS
primeiro_banco->         (SELECT 1 FROM aluno_na_disciplina t2
primeiro_banco->          WHERE t1.matricula = t2.matricula)
primeiro_banco->          ORDER BY 1;
```

nome	matricula
Carmem Linnéia Fernandes Marquete	m15
Edmar	m008
Haydee Regina de Castro	m003
Maurício Ferreira	m007
Roberta Saud	m010
Sergio Saud	m009
Sergio araujo	m16
Vitor Blanco da Costa	m014

18.7 - Usando Subconsulta na Cláusula SELECT

```
primeiro_banco=> SELECT matricula,cod_disciplina,
primeiro_banco->         (SELECT min(nota_final)
primeiro_banco->          FROM aluno_na_disciplina t2
primeiro_banco->          WHERE t2.cod_disciplina = t1.cod_disciplina)
primeiro_banco->          as maior_nota
primeiro_banco->         FROM aluno_na_disciplina t1
primeiro_banco->         WHERE t1.matricula = 'm001';
```

```
 matricula | cod_disciplina | maior_nota
-----------+----------------+------------
 m001      | D02            |       4.00
 m001      | D02            |       4.00
 m001      | D11            |       9.90
 m001      | D12            |       7.00
(4rows)
```

18.8 - Usando Subconsulta na Cláusula ORDER BY

```
primeiro_banco=> SELECT cod_curso,cod_disciplina,num_credito
primeiro_banco->         FROM disciplina t1
primeiro_banco->         ORDER BY (SELECT descricao  FROM curso t2
primeiro_banco->                   WHERE t1.cod_curso = t2.cod_curso);
```

```
 cod_curso | cod_disciplina | num_credito
-----------+----------------+------------
 Dir       | D12            |           4
 Dir       | D11            |           4
 Dir       | D02            |           2
 Eng       | D08            |           4
 Eng       | D09            |           4
 Eng       | D10            |           4
 Eng       | D13            |           3
 Eng       | D01            |           4
 Inf       | D03            |           3
 Inf       | D04            |           3
 Inf       | D05            |           4
 Inf       | D06            |           4
 Inf       | D07            |           4
 Inf       | D20            |
(14 rows)
```

19

Usando a Linguagem SQL de Manipulação de Dados

É parte do SQL usada para o uso de transações dentro do banco de dados. Podemos usá-la para adicionar, atualizar ou remover dados no banco de dados.

19.1 - O Comando INSERT

19.1.1 - Adicionando uma Nova Linha

O comando INSERT é usado para adicionar linhas em uma ou mais tabelas. As linhas podem ser adicionadas com valores de dados específicos ou através de uma subconsulta. Se você informar valores para cada coluna, a lista de colunas não precisa ser informada na cláusula INSERT. Todavia, se não for informado as listas de colunas, os valores deverão obedecer a ordem da tabela.

Sintaxe:

```
INSERT INTO nome_da_tabela[(coluna,[,coluna...])]
        VALUES(valor [,valor...]);
```

Dica: A sintaxe acima permite apenas a inserção de uma linha por vez.

O comando seguinte inclui uma nova linha na tabela aluno, contendo os valores para cada coluna, obedecendo a ordem das colunas na tabela.

```
primeiro_banco=> INSERT INTO aluno
primeiro_banco->          VALUES('m015','Carmem Linnéia Fernandes Marquete',
primeiro_banco->          'Rua da Gávea 10/104','Gávea','1963-08-16');
INSERT 33735 1
```

O comando seguinte inclui uma nova linha na tabela aluno, contendo os valores para cada coluna. Neste exemplo, a ordem das colunas segue a lista do INSERT. As colunas omitidas receberão valores default ou nulos.

```
primeiro_banco=> INSERT INTO aluno(nome,matricula,
primeiro_banco->          endereco, dt_nascimento)
primeiro_banco->          VALUES('Carlos Eduardo','m016',
primeiro_banco->          'Rua Lins 181','1970-09-22');
INSERT 33736 1
```

19.1.2 - Adicionando uma Nova Linha com Valores Nulos

O comando seguinte inclui uma nova linha na tabela aluno, contendo os valores para cada coluna, obedecendo a ordem das colunas na tabela. Neste exemplo usamos um método explícito para especificar o nulo.

```
primeiro_banco=> INSERT INTO aluno
primeiro_banco->          VALUES('m017','Aurelio Costa',
primeiro_banco->          'Rua Araujo Lima 10',null,'1966-01-07');
INSERT 33737 1
```

19.1.3 - Adicionando uma Nova Linha com Valores Especiais

O comando seguinte inclui uma nova linha na tabela T1, usando a função CURRENT_DATE que registra a data e hora atuais.

```
primeiro_banco=> CREATE TABLE  t1( data   date);
CREATE TABLE

primeiro_banco=> INSERT INTO t1 VALUES(CURRENT_DATE);
INSERT 33740 1
```

Dica: A mensagem de retorno "INSERT 33740 1", significa que a linha foi incluída com sucesso na tabela e que recebeu o valor "33740" como identificador único da linha (OID-Object Identification).

19.1.4 ADICIONANDO NOVAS LINHAS A PARTIR DE OUTRA TABELA

O comando seguinte adiciona linhas a uma tabela a partir de dados originários de tabela existente.

```
primeiro_banco=> SELECT * FROM disciplina_informatica;
```

cod_disciplina	descricao	num_credito	cod_curso	cod_disciplina_requisito
(0 rows)				

```
primeiro_banco=> INSERT INTO disciplina_informatica
primeiro_banco->                 SELECT * FROM disciplina
primeiro_banco->                 WHERE cod_curso='Inf'
primeiro_banco->                 ORDER BY 1;
INSERT 0 5
primeiro_banco=> SELECT * FROM disciplina_informatica;
```

cod_disciplina	descricao	num_credito	cod_curso	cod_disciplina_requisito
D03	Sistema Operacional	3	Inf	
D04	Lógica	3	Inf	
D05	Banco de Dados I	4	Inf	
D06	Banco de Dados II	4	Inf	D05
D07	Banco de Dados III	4	Inf	D06
(5 rows)				

Dica: O número de colunas e seus tipos de dados devem igualar-se com o número de valores e os tipos de dados da subconsulta.

19.2 - O COMANDO UPDATE

O comando UPDATE é usado para modificar linhas em uma tabela existente.

Sintaxe:

```
UPDATE nome_da_tabela
       SET coluna = valor, [,coluna = valor,...]
       [WHERE condição];
```

19.2.1 - Atualizando Apenas uma Coluna na Tabela

O comando seguinte modifica a data de nascimento do aluno de matrícula "m015"

```
primeiro_banco=> UPDATE aluno
primeiro_banco->          SET dt_nascimento = '1967-11-10'
primeiro_banco->          WHERE matricula = 'm015';
UPDATE 1
```

19.2.2 - Atualizando Várias Colunas na Tabela ao Mesmo Tempo

O comando seguinte modifica o endereço e o bairro do aluno de matrícula "m015"

```
primeiro_banco=> UPDATE aluno
primeiro_banco->          SET endereco =' Rua da gávea 100/104',
primeiro_banco->          bairro ='Gávea'
primeiro_banco->          WHERE matricula = 'm015';
UPDATE 1
```

19.2.3 - Atualizando uma Coluna na Tabela com Subconsulta

```
primeiro_banco=> UPDATE disciplina
primeiro_banco->          SET num_credito = (SELECT num_credito
primeiro_banco->          FROM disciplina WHERE cod_disciplina='D05')
primeiro_banco->          WHERE cod_disciplina = 'D20';
UPDATE 1
```

19.2.4 - Erro Comum

O comando a seguir tenta atualizar o código do curso da disciplina "D04" para o curso de código "Fis" não existente na tabela CURSO.

```
primeiro_banco=> UPDATE disciplina
primeiro_banco->          SET cod_curso = 'Fis'
primeiro_banco->          WHERE cod_disciplina = 'D04';
ERROR:  insert or update on table "disciplina" violates foreign
key constraint "fk_disciplina_curso"
DETAIL:  Key (cod_curso)=(Fis) is not present in table "curso".
```

Dica: Se você omitir a cláusula WHERE, todas as linhas na tabela são modificadas.

19.3 - O Comando DELETE

O comando DELETE é usado para remover linhas existentes na tabela.

Sintaxe:

```
DELETE FROM nome_da_tabela
        WHERE condição;
```

19.3.1 - Removendo Linhas de uma Tabela

O comando seguinte exclui o curso de código "Mus" da tabela de curso.

```
primeiro_banco=> DELETE FROM curso
primeiro_banco->                 WHERE cod_curso='Mus';
DELETE 1
```

Dica: Se você omitir a cláusula WHERE, todas as linhas na tabela são excluídas.

19.3.2 - Removendo Linhas de uma Tabela a Partir de Outra Tabela

O comando seguinte exclui todas as disciplinas que possuem o mesmo código de curso da disciplina de música.

```
primeiro_banco=> DELETE FROM disciplina
primeiro_banco->              WHERE cod_curso=(SELECT cod_curso
primeiro_banco->                               FROM curso
primeiro_banco->                               WHERE descricao='Música');
DELETE 2
```

19.3.3 - Erro Comum

O comando a seguir tenta excluir todos os cursos de código "Eng". Porém não é possível, pois este curso possui um vínculo com uma restrição de integridade(Chave primária usada como chave estrangeira em outra tabela).

```
primeiro_banco=> DELETE FROM curso  WHERE cod_curso = 'Eng';
ERROR: update or delete on "curso" violates foreign key CONSTRAINT
"fk_disciplina_curso" on "disciplina"
DETAIL: Key (cod_curso)=(Eng) is still referenced from table
"disciplina".
```

19.4 - O Comando SELECT FOR UPDATE

O SELECT FOR UPDATE possibilita o bloqueio das linhas recuperadas pelo comando SELECT, prevenindo que outras seções removam ou alterem as mesmas.

20

O Comando TRUNCATE

O comando TRUNCATE exclui todas as linhas da tabela. Contudo o comando TRUNCATE não é um comando DML e sim DDL.

Sintaxe:

```
TRUNCATE TABLE nome_da_tabela;
```

```
primeiro_banco=> SELECT * FROM t1;

 a
---
 1
 2

primeiro_banco=> TRUNCATE TABLE t1;
TRUNCATE TABLE

primeiro_banco=> SELECT * FROM t1;

 a
---
(0 rows)
```

21

CRIANDO E GERENCIANDO TABELAS

Um banco de dados PostgreSQL pode conter várias estruturas de dados. As tabelas podem ser criadas a qualquer momento, até mesmo quando os usuários estiverem usando o banco de dados. As tabelas consistem de linhas e colunas. Não é necessário especificar o tamanho de nenhuma tabela. O tamanho é definido pela quantidade de espaço alocada no banco de dados como um todo. Todavia, é importante estimar a quantidade de espaço que uma tabela usará. O SQL não garante a ordem das linhas dentro tabela. Você somente terá esta garantia com o uso da ordenação explicita. Uma tabela pode ter, dependendo do tipo de coluna, de 250 a 1600 colunas.

21.1 - CRIANDO TABELAS

Crie tabelas para armazenar dados executando a instrução SQL CREATE TABLE. Ela é uma das instruções DDL (linguagem de definição de dados). As instruções DDL são um subconjunto de instruções SQL, usadas para criar, modificar e remover estruturas do banco de dados. Estas informações são registradas no dicionário de dados.

Sintaxe:

```
CREATE TABLE nome_da_tabela
            (nome_da_coluna    tipo_de_dado,
                                ...)
```

O comando seguinte cria a tabela chamada minha_primeira_tabela com duas colunas. A primeira coluna chamada primeira_coluna e tem o tipo de dados TEXT; A segunda coluna chamada segunda_coluna e tem o tipo de dados inteiro. Use a "," para separa-las e parênteses em torno da lista de colunas.

```
CREATE TABLE minha_primeira_tabela
            (primeira_coluna   text,
            segunda_coluna     integer);
```

21.2 - Valor DEFAULT

Um valor Default pode ser dado a uma coluna. Essa opção impede que valores nulos entrem nas colunas se uma linha for incluída sem um valor para a coluna. O valor Default pode ser uma expressão, que será avaliada no momento da inclusão da linha e não na criação da tabela, um literal ou uma função. O tipo de dados Default deve corresponder ao tipo de dados da coluna. O comando seguinte define um valor Default para o preço do produto de 9.99 e um valor Default para a data de inclusão com a data do sistema.

```
primeiro_banco=> CREATE TABLE produto
primeiro_banco->                (numero_produto serial,
primeiro_banco->                nome          text,
primeiro_banco->                preço         numeric default 9.99,
primeiro_banco->                data_inclusao date default now());
NOTICE:  CREATE  TABLE  will  create  implicit  sequence
"produto_numero_produto_seq" for serial column "produto.numero_produto"
CREATE TABLE
primeiro_banco=> \d produto
            Table "usr_escola.produto"
```

Column	Type	Modifiers
numero_produto	integer	not null default nextval('usr_escola. produto_numero_produto_seq'::text)
nome	text	
preço	numeric	default 9.99
data_inclusao	date	default now()

CAPÍTULO 21 – CRIANDO E GERENCIANDO TABELAS | 149

```
primeiro_banco=> INSERT INTO produto(nome) VALUES('borracha');
INSERT 17398 1
primeiro_banco=> SELECT * from produto;

 numero_produto |   nome   | preço | data_inclusao
----------------+----------+-------+---------------
              1 | borracha |  9.99 | 2005-08-27
(1 row)
```

Dica: Esta é uma descrição parcial do comando CREATE TABLE. Para maiores detalhes consulte a documentação seguindo as instruções do nosso livro.

21.3 - Modificando Tabelas

21.3.1 - Adicionando uma Nova Coluna

Use a cláusula ADD papa adicionar colunas. Você não pode escolher aonde a coluna deve aparecer. A coluna nova torna-se a última coluna.

O comando a seguir adiciona a nova coluna descrição na tabela produto:

```
primeiro_banco=> ALTER TABLE produto ADD COLUMN descricao TEXT;
ALTER TABLE
primeiro_banco=> \d produto
                Table "usr_escola.produto"

     Column     |  Type   |              Modifiers
----------------+---------+-------------------------------------
 numero_produto | integer | not null default nextval('usr_escola.
                |         |   produto_numero_produto_seq'::text)
 nome           | text    |
 preço          | numeric | default 9.99
 data_inclusao  | date    | default now()
 descricao      | text    |
```

21.3.2 - Eliminando uma Coluna

O comando a seguir elimina a coluna descrição da tabela produto:

```
primeiro_banco=> ALTER TABLE produto DROP COLUMN descricao;
ALTER TABLE
```

O comando abaixo elimina a coluna descrição da tabela produto, mesmo ela sendo referenciada por uma chave estrangeira de outra tabela.

```
primeiro_banco=> ALTER TABLE produto DROP COLUMN descricao CASCADE;
ALTER TABLE
```

21.3.3 - Adicionando uma Restrição de Integridade

O comando seguinte faz com que a coluna nome seja de preenchimento obrigatório:

```
primeiro_banco=> ALTER TABLE produto ADD check (nome <> '');
ALTER TABLE
```

O próximo comando requer que cada valor da coluna nome seja exclusivo. As restrições unique permitem a entrada de valores nulos:

```
primeiro_banco=> ALTER TABLE produto ADD constraint uq_nome
unique(nome);
NOTICE:  ALTER TABLE / ADD UNIQUE will create implicit index
"uq_nome" for table "produto"
ALTER TABLE
```

O comando seguinte adiciona a restrição not null para a coluna preço. Esta restrição pode ser adicionada somente a nível de coluna:

```
primeiro_banco=> ALTER TABLE produto ALTER COLUMN preço SET not null;
ALTER TABLE
primeiro_banco=> \d produto
                  Table "usr_escola.produto"
```

Column	Type	Modifiers
nu_produto	integer	not null default nextval('usr_escola.
		produto_numero_produto_seq'::text)
nome	text	
preço	numeric(10,2)	not null
data_inclusao	date	default now()

```
Indexes:
    "uq_nome_unico" UNIQUE, btree (nu_produto)
Check constraints:
    "produto_nome_check" CHECK (nome <> ''::text)
```

21.3.4 - Excluindo uma Restrição de Integridade

O comando a seguir exclui a restrição unique da coluna nome:

```
primeiro_banco=> ALTER TABLE produto DROP CONSTRAINT uq_nome_unico;
```

21.3.5 - Modificando o Valor Default de uma Coluna

Use a cláusula ALTER COLUMN para modificar uma coluna. Você pode alterar o tipo de dado, tamanho e o valor Default de uma coluna. Uma alteração no valor Default afeta somente as inserções subseqüentes a tabela.

O comando seguinte define um novo valor Default para a coluna preço:

```
primeiro_banco=> ALTER TABLE produto ALTER COLUMN preço SET default 7.77;
ALTER TABLE
primeiro_banco=> \d produto
                 Table "usr_escola.produto"
```

Column	Type	Modifiers
numero_produto	integer	not null default nextval('usr_escola. produto_numero_produto_seq'::text)
nome	text	
preço	numeric	default 7.77
data_inclusao	date	default now()
descricao	text	

O comando a seguir remove o valor default da coluna preço:

```
primeiro_banco=> ALTER TABLE produto ALTER COLUMN preço DROP default;
ALTER TABLE
primeiro_banco=> \d produto
                 Table "usr_escola.produto"
```

Column	Type	Modifiers
numero_produto	integer	not null default nextval('usr_escola. produto_numero_ produto_seq'::text)
nome	text	
preço	numeric	
data_inclusao	date	default now()
descricao	text	

21.3.6 - Modificando o Tipo de Dado de uma Coluna

O comando seguinte modifica o tipo de dado da coluna preço:

```
primeiro_banco=> ALTER TABLE produto ALTER COLUMN preço
primeiro_banco=>                 TYPE NUMERIC(10,2);
ALTER TABLE
primeiro_banco=> \d produto
                Table "usr_escola.produto"
```

Column	Type	Modifiers
numero_produto	integer	not null default nextval ('usr_escola.produto_numero _produto_seq'::text)
nome	text	
preço	numeric(10,2)	
data_inclusao	date	default now()
descricao	text	

21.3.7 - Renomeando o Nome de uma Coluna

O próximo comando renomeia a coluna numero_produto para nu_produto:

```
primeiro_banco=> ALTER TABLE produto RENAME numero_produto TO nu_produto;
ALTER TABLE
primeiro_banco=> \d produto
                Table "usr_escola.produto"
```

Column	Type	Modifiers
nu_produto	integer	not null default nextval ('usr_escola.produto_numero _produto_seq'::text)
nome	text	
preço	numeric(10,2)	
data_inclusao	date	default now()
descricao	text	

21.3.8 - Alterando o Nome da Tabela

O comando seguinte altera o nome da tabela produto para itens:

```
primeiro_banco=> ALTER TABLE produto RENAME TO itens;
ALTER TABLE
```

21.3.8 - Eliminando uma Tabela

O comando remove a definição de uma tabela. Todos os dados e índices associados à tabela serão perdidos.

```
primeiro_banco=> DROP TABLE tictactoe;
DROP TABLE
```

O comando seguinte remove a definição da tabela teste1 e a restrição de chave estrangeira que a referência.

```
primeiro_banco=> DROP TABLE teste1 CASCADE;
NOTICE: drop cascades to CONSTRAINT teste2_a_fkey on table teste2
DROP TABLE
```

O comando a seguir remove duas tabelas no mesmo comando.

```
primeiro_banco=> DROP TABLE t2,t3;
DROP TABLE
```

21.4 - Definindo uma Nova Tabela a Partir do Resultado de uma Consulta

O próximo comando cria uma nova tabela(teste_nova) cópia da tabela teste1:

```
primeiro_banco=> CREATE TABLE teste_nova as SELECT * FROM teste1;
SELECT
```

22

DEFININDO RESTRIÇÕES

As restrições são usadas para impor regras no nível da tabela sempre que uma linha for inserida, atualizada ou removida. A restrição deve ser satisfeita para a operação ser bem sucedida.

A restrição também impede que uma tabela seja removida se houver dependências de outras tabelas.

22.1 - A RESTRIÇÃO NOT NULL

A restrição NOT NULL assegura que os valores nulos não sejam permitidos na coluna. A restrição NOT NULL pode ser especificada somente no nível da coluna, não no nível da tabela.

```
primeiro_banco=> CREATE TABLE empregado
primeiro_banco->                (matricula       integer not null,
primeiro_banco->                nome             text    not null,
primeiro_banco->                cargo            char(20),
primeiro_banco->                mat_gerente      integer,
primeiro_banco->                data_adimissao   date,
primeiro_banco->                salario          numeric(7,2),
primeiro_banco->                comissao         numeric(7,2),
primeiro_banco->                cod_departamento char(4) not null);
CREATE TABLE
primeiro_banco=> \d empregado
          Table "usr_escola.empregado"
```

Column	Type	Modifiers
matricula	integer	not null
nome	text	not null
cargo	character(20)	
mat_gerente	integer	
data_adimissao	date	
salario	numeric(7,2)	
comissao	numeric(7,2)	
cod_departamento	character(4)	not null

22.2 - A Restrição UNIQUE

A restrição UNIQUE requer que cada valor em uma coluna ou de um conjunto de colunas seja exclusivo. A restrição UNIQUE permite a entrada de valores nulos, a menos que você defina a restrição NOT NULL.

O comando define a restrição unique uq_localizacao a nível da tabela e a uq_nome a nível da coluna:

```
primeiro_banco=> CREATE TABLE departamento
primeiro_banco->                   (cod_departamento  char(4),
primeiro_banco->                   nome   text CONSTRAINT
primeiro_banco->                   uq_nome_departamento unique,
primeiro_banco->                   localizacao char(30),
primeiro_banco->                   CONSTRAINT uq_localizacao
primeiro_banco->                   unique(localizacao));
NOTICE:   CREATE  TABLE  /  UNIQUE will  create  implicit  index
"uq_nome_departamento" for table "departamento"
NOTICE:   CREATE  TABLE  /  UNIQUE will  create  implicit  index
"uq_localizacao" for table "departamento"
CREATE TABLE
```

O comando seguinte define uma restrição unique para um grupo de colunas:

```
primeiro_banco=> CREATE TABLE teste1
primeiro_banco->                   (a integer,
primeiro_banco->                   b integer,
primeiro_banco->                   c integer,
primeiro_banco->                   unique (a,c));
NOTICE:   CREATE  TABLE  /  UNIQUE will  create  implicit  index
"teste1_a_key" for table "teste1"
CREATE TABLE
```

22.3 - A Restrição PRIMARY KEY

A restrição PRIMARY KEY cria uma chave primária para a tabela. Somente uma chave primária pode ser criada para cada tabela. A restrição PRIMARY KEY indica que uma coluna ou grupo de colunas identifica unicamente cada linha da tabela.

Essa restrição impõe a exclusividade da coluna ou combinação de colunas e assegura que nenhuma que seja parte da chave primária possa conter valor nulo.

O comando a seguir define a restrição de integridade PRIMARY KEY no nível da coluna.

```
primeiro_banco=> CREATE TABLE teste1
primeiro_banco->               (a integer PRIMARY KEY,
primeiro_banco->                b integer);
NOTICE:  CREATE TABLE / PRIMARY KEY will create implicit index
"teste1_pkey" for table "teste1"
CREATE TABLE
```

O comando seguinte define a restrição de integridade PRIMARY KEY no nível da tabela:

```
primeiro_banco=> CREATE TABLE teste1
primeiro_banco->               (a integer,
primeiro_banco->                b integer,
primeiro_banco->                c integer,
primeiro_banco->                PRIMARY KEY(a,c));
NOTICE:  CREATE TABLE / PRIMARY KEY will create implicit index
"teste1_pkey" for table "teste1"
CREATE TABLE
```

22.4 - A Restrição FOREIGN KEY

A restrição FOREIGN KEY especifica que valores de uma coluna ou grupo de colunas, devem corresponder a um valor (chave primária ou exclusiva) existente na mesma tabela ou em outra tabela. Uma tabela pode conter mais que uma chave estrangeira. As chaves estrangeiras são baseadas nos valores dos dados, estabelecendo um relacionamento lógico e não ponteiro físico.

O comando a seguir garante que que todo departamento da tabela empregado é um departamento realmente existente. A chave estrangeira foi definida no nível da coluna, sem ser nomeada e sem especificar a coluna referenciada.

```
primeiro_banco=> CREATE TABLE empregado
primeiro_banco->    (matricula      integer not null,
primeiro_banco->    nome            text    not null,
primeiro_banco->    cargo           char(20),
primeiro_banco->    mat_gerente     integer,
primeiro_banco->    data_adimissao date,
primeiro_banco->    salario         numeric(7,2),
primeiro_banco->    comissao        numeric(7,2),
primeiro_banco->    cod_departamento char(4) REFERENCES departamento);
CREATE TABLE
```

O comando seguinte garante que que todo departamento da tabela empregado é um departamento realmente existente. A chave estrangeira foi definida no nível da coluna, nomeada.

```
primeiro_banco=> CREATE TABLE empregado
primeiro_banco->    (matricula      integer not null,
primeiro_banco->    nome            text    not null,
primeiro_banco->    cargo           char(20),
primeiro_banco->    mat_gerente     integer,
primeiro_banco->    data_adimissao date,
primeiro_banco->    salario         numeric(7,2),
primeiro_banco->    comissao        numeric(7,2),
primeiro_banco->    cod_departamento char(4) CONSTRAINT fk_departamento
primeiro_banco->    REFERENCES departamento(cod_departamento));
CREATE TABLE
```

O comando seguinte cria uma chave estrangeira composta, definida a nível da tabela, que referencia duas colunas de outra tabela:

```
primeiro_banco=> CREATE TABLE teste1
primeiro_banco->    (a integer,
primeiro_banco->     b integer,
primeiro_banco->     c integer,
primeiro_banco->     FOREIGN KEY(a,c) REFERENCES outra_tabela(a,c));
CREATE TABLE
```

Dica: Toda chave estrangeira composta, deve ser definida a nível da tabela e com uma sintaxe diferente usando a palavra chave FOREIGN KEY como foi visto no comando acima.

O próximo comando cria uma chave estrangeira com uma cláusula (ON DELETE CASCADE) que indica que quando uma linha na tabela mãe referenciada (pedido) é excluída, as linhas dependentes na tabela filha (itens_pedido) também serão excluídas.

```
primeiro_banco=> CREATE TABLE pedido
primeiro_banco->           (numero_pedido    integer PRIMARY KEY,
primeiro_banco->            endereco_entrega text);
NOTICE:   CREATE TABLE / PRIMARY KEY will create implicit index
"pedido_pkey" for table "pedido"
CREATE TABLE

primeiro_banco-> CREATE TABLE itens_pedido
primeiro_banco->           (numero_produto    integer
primeiro_banco->            CONSTRAINT fk_produto REFERENCES
primeiro_banco->            produto(numero_produto),
primeiro_banco->            CONSTRAINT fk_pedido REFERENCES
primeiro_banco->            numero_pedido    integer
primeiro_banco->            pedido on delete cascade,
primeiro_banco->            quantidade    integer,
primeiro_banco->            CONSTRAINT pk_itens_pedido PRIMARY KEY
primeiro_banco->            (numero_produto,numero_pedido));
```

O comando a seguir cria uma chave estrangeira com uma cláusula (ON DELETE SET NULL) que indica que quando uma linha na tabela mãe referenciada (pedido) é excluída, as linhas dependente na tabela filha (itens_pedido) receberão o valor null:

```
primeiro_banco=> CREATE TABLE pedido
primeiro_banco->           (numero_pedido    integer PRIMARY KEY,
primeiro_banco->            endereco_entrega text);
NOTICE:   CREATE TABLE / PRIMARY KEY will create implicit index
"pedido_pkey" for table "pedido"
CREATE TABLE

primeiro_banco-> CREATE TABLE itens_pedido
primeiro_banco->           (numero_produto integer
primeiro_banco->            CONSTRAINT fk_produto REFERENCES
primeiro_banco->            produto(numero_produto),
primeiro_banco->            numero_pedido    integer
primeiro_banco->            CONSTRAINT fk_pedido  REFERENCES
primeiro_banco->            pedido on delete set null,
primeiro_banco->            quantidade    integer,
primeiro_banco->            CONSTRAINT  pk_itens_pedido PRIMARY KEY
primeiro_banco->            (numero_produto,numero_pedido));
```

O próximo comando cria uma chave estrangeira com uma cláusula (ON DELETE SET DEFAULT) que indica que quando uma linha na tabela mãe referenciada (pedido) é excluída, as linhas dependentes na tabela filha (itens_pedido) receberão o seu valor default:

```
primeiro_banco=> CREATE TABLE pedido
primeiro_banco->          (numero_pedido    integer PRIMARY KEY,
primeiro_banco->           endereco_entrega text);
NOTICE:   CREATE TABLE / PRIMARY KEY will create implicit index
"pedido_pkey" for table "pedido"
CREATE TABLE

primeiro_banco-> CREATE TABLE itens_pedido
primeiro_banco->          (numero_produto integer
primeiro_banco->          CONSTRAINT fk_produto REFERENCES
primeiro_banco->          produto(numero_produto),
primeiro_banco->          numero_pedido  integer
primeiro_banco->          CONSTRAINT fk_pedido  REFERENCES
primeiro_banco->          pedido on delete set default default 999,
primeiro_banco->          quantidade     integer,
primeiro_banco->          CONSTRAINT     pk_itens_pedido PRIMARY KEY
primeiro_banco->          (numero_produto,numero_pedido));
```

Dica: O valor default do exemplo acima deve ser um valor existente na tabela mãe (pedido)

O comando seguinte cria uma chave estrangeira com uma cláusula (ON DELETE SET NULL) que indica que quando uma linha na tabela mãe referenciada (pedido) for atualizada, as linhas dependentes na tabela filha(itens_pedido) receberão o seu valor null:

```
primeiro_banco=> CREATE TABLE pedido
primeiro_banco->          (numero_pedido    integer PRIMARY KEY,
primeiro_banco->           endereco_entrega text);
NOTICE:   CREATE TABLE / PRIMARY KEY will create implicit index
"pedido_pkey" for table "pedido"
CREATE TABLE

primeiro_banco-> CREATE TABLE itens_pedido
primeiro_banco->          (numero_produto integer
primeiro_banco->          CONSTRAINT fk_produto REFERENCES
primeiro_banco->          produto(numero_produto),
primeiro_banco->          numero_pedido  integer
primeiro_banco->          CONSTRAINT fk_pedido  REFERENCES
primeiro_banco->          pedido on update set null,
primeiro_banco->          quantidade     integer,
primeiro_banco->          CONSTRAINT     pk_itens_pedido PRIMARY KEY
primeiro_banco->          (numero_produto,numero_pedido));
```

O comando a seguir cria uma chave estrangeira com uma cláusula (ON UPDATE SET DEFAULT) que indica que quando uma linha na tabela mãe referenciada (pedido) for atualizada, as linhas dependentes na tabela filha (itens_pedido) receberão o seu valor Default:

```
primeiro_banco=> CREATE TABLE pedido
primeiro_banco->           (numero_pedido    integer PRIMARY KEY,
primeiro_banco->            endereco_entrega text);
NOTICE:  CREATE TABLE / PRIMARY KEY will create implicit index
"pedido_pkey" for table "pedido"
CREATE TABLE

primeiro_banco-> CREATE TABLE itens_pedido
primeiro_banco->           (numero_produto integer
primeiro_banco->           CONSTRAINT fk_produto
primeiro_banco->           REFERENCES produto(numero_produto),
primeiro_banco->           numero_pedido    integer
primeiro_banco->           CONSTRAINT fk_pedido
primeiro_banco->           REFERENCES pedido on update
primeiro_banco->           set default default 999,
primeiro_banco->           quantidade       integer,
primeiro_banco->           CONSTRAINT       pk_itens_pedido PRIMARY KEY
primeiro_banco->           (numero_produto,numero_pedido));
```

22.5 - A Restrição CHECK

A restrição CHECK define uma condição que cada linha deve satisfazer.

O comando seguinte determina que os valores da coluna preço devem ser positivos:

```
primeiro_banco=> CREATE TABLE produto
primeiro_banco->           (numero_produto   integer
primeiro_banco->           CONSTRAINT pk_produto
primeiro_banco->           PRIMARY KEY,
primeiro_banco->           nome             text,
primeiro_banco->           preço            numeric (10,2)
primeiro_banco->           CONSTRAINT ck_preço_positivo
primeiro_banco->           CHECK (preço > 0),
primeiro_banco->           data_inclusao    date,
primeiro_banco->           descricao        text);
NOTICE:  CREATE TABLE / PRIMARY KEY will create implicit index
"pk_produto" for table "produto1"
CREATE TABLE
```

O comando seguinte cria restrição de check no nível da coluna e no nível da tabela. E também especifica uma restrição com várias colunas.

```
primeiro_banco=> CREATE TABLE produto
primeiro_banco->         (numero_produto  integer
primeiro_banco->         CONSTRAINT pk_produto
primeiro_banco->                 PRIMARY KEY,
primeiro_banco->         preço           numeric(10,2)
primeiro_banco->         CONSTRAINT ck_preço_positivo
primeiro_banco->         CHECK (preço > 0),
primeiro_banco->         desconto_preço  numeric(10,2),
primeiro_banco->         data_inclusao   date,
primeiro_banco->         descricao       text,
primeiro_banco->         CONSTRAINT ck_desconto_preço
primeiro_banco->         CHECK (desconto_preço > 0),
primeiro_banco->         CONSTRAINT ck_preço_maior
primeiro_banco->         CHECK (preço > desconto_preço));
NOTICE:  CREATE TABLE / PRIMARY KEY will create implicit index
"pk_produto" for table "produto1"
CREATE TABLE
```

22.6 - Adicionando Restrições

22.6.1 - Adicionando uma Restrição de Chave Primária

O comando a seguir adicionou uma restrição de chave primária na tabela teste1:

```
primeiro_banco=> ALTER TABLE teste1 add PRIMARY KEY(a);
NOTICE:  ALTER TABLE / ADD PRIMARY KEY will create implicit
index "teste1_pkey" for table "teste1"
ALTER TABLE
```

22.6.2 - Adicionando uma Restrição de Chave Estrangeira

O comando seguinte adiciona a restrição de chave estrangeira fk_teste2 na tabela teste2 referenciando a chave primária da tabela teste1:

```
primeiro_banco=> ALTER TABLE teste2
primeiro_banco->       ADD CONSTRAINT fk_teste2  FOREIGN KEY (a)
primeiro_banco->       REFERENCES teste1(a);
ALTER TABLE
```

22.7 - Removendo uma Restrição

22.7.1 - Removendo a Restrição Chave Primária

O comando seguinte remove uma restrição de chave primária na tabela t1.

```
primeiro_banco=> ALTER TABLE t1 DROP CONSTRAINT pk_t1;
ALTER TABLE
```

22.7.2 - Removendo a Restrição Chave Primária com a Cláusula CASCADE

O comando seguinte usa a cláusula CASCADE para eliminar uma restrição de chave primária na tabela teste1 que possui referência para a tabela teste2:

```
primeiro_banco=> ALTER TABLE teste1 DROP CONSTRAINT pk_teste1 CASCADE;
NOTICE:  drop cascades to CONSTRAINT fk_teste2 on table teste2
ALTER TABLE
```

Dica: Você pode adicionar ou eliminar uma restrição, mas não pode modificar.

23

GERENCIANDO VISÕES (VIEW)

Uma visão é uma representação customizada dos dados de uma ou mais tabelas ou de outra visão. A visão pode ser considerada como uma consulta armazenada ou uma tabela lógica. Uma visão não contém dados próprios, mas pode ser usada como uma janela através da qual os dados podem ser vistos. Sendo assim, a visão não ocupa espaço físico para armazenamento de dados.

23.1 - POR QUE USAR VISÕES

• Para restringir o acesso aos dados;

• Para esconder a complexidade de uma consulta;

• Para permitir a independência dos dados;

• Para exibir diferentes visões do mesmos dados.

23.2 - CRIANDO VISÕES

Sintaxe:

```
CREATE [OR REPLACE] VIEW nome_da_visão
                 [ (apelido1 [, apelido2[ ...)[
                        AS subconsulta;
```

Onde:

Cláusula	Descrição
OR REPLACE	Recria a visão se ela já existir.
NOME_DA_VISÃO	É o nome da visão.
APELIDO n	Define diferentes nomes para as colunas da visão.
SUBCONSULTA	É o comando SELECT que fornecerá dados para a visão. Você também pode definir diferentes nomes para as colunas na lista SELECT.

O comando seguinte cria uma visão contendo somente os alunos do sexo feminino:

```
primeiro_banco=> CREATE VIEW nome_das_alunas
primeiro_banco->         AS SELECT nome FROM aluno
primeiro_banco->         WHERE SEXO = 'F';
CREATE VIEW
```

O comando a seguir exibe a estrutura da visão:

```
primeiro_banco=> \d nome_das_alunas
     View "usr_escola.nome_das_alunas"
 Column |         Type          | Modifiers
--------+-----------------------+-----------
 nome   | character varying(40) |

View definition:
SELECT aluno.nome
     FROM aluno
     WHERE aluno.sexo = 'F'::bpchar;
```

O próximo comando cria uma visão com apelidos de coluna na subconsulta:

```
primeiro_banco=> CREATE VIEW nome_dos_alunos
primeiro_banco->         AS SELECT nome as nome_aluno FROM aluno
primeiro_banco->         WHERE sexo =  'M';
CREATE VIEW
```

O comando seguinte cria uma visão com apelidos de coluna na visão:

```
primeiro_banco=> CREATE VIEW vis_disciplina(nome,credito)
primeiro_banco-> AS SELECT descricao,num_credito FROM disciplina;
CREATE VIEW
```

O comando seguinte possui uma visão com a cláusula JOIN que faz com que ela seja complexa:

```
primeiro_banco=> CREATE OR REPLACE VIEW vis_disc_curso
primeiro_banco->       AS SELECT d.descricao as DISCIPLINA,
primeiro_banco->       c.descricao
primeiro_banco->       AS curso
primeiro_banco->       FROM  disciplina d JOIN curso c
primeiro_banco->       USING(cod_curso)
primeiro_banco->       ORDER BY 2;
CREATE VIEW
```

23.3 - RECRIANDO UMA VISÃO

O comando a seguir usa a cláusula OR REPLACE para recriar a visão, sem a necessidade de excluir, recriar e conceder os privilégios:

```
primeiro_banco=> CREATE OR REPLACE VIEW vis_disciplina(nome,credito)
primeiro_banco->       AS SELECT descricao,num_credito
primeiro_banco->       FROM disciplina
primeiro_banco->       WHERE num_credito > 3;
CREATE VIEW
```

23.4 - EXCLUINDO UMA VISÃO

Use o comando DROP VIEW para remover uma visão do seu banco. As tabelas referenciadas pela visão não sofrerão danos. Na verdade, este comando apenas remove do dicionário de dados o comando SQL.

```
primeiro_banco=> DROP VIEW nome_dos_alunos;
DROP VIEW
```

23.5 - USANDO VISÕES

O comando a seguir acessa uma visão "vis_disciplina" que possui as disciplinas com mais de 3 créditos:

```
primeiro_banco=> SELECT * FROM vis_disciplina;
        nome          | credito
----------------------+-----------
 Banco de Dados I     |       4
 Direito Tributário   |       4
 Matemática I         |       4
 Direito cívil        |       4
 Programação web      |       4
 Banco de Dados II    |       4
 Banco de Dados III   |       4
 Matemática II        |       4
 Matemática III       |       4
 Matemática IV        |       4
(10 rows)
```

24

SEQUÊNCIA

É um objeto gerador de número sequencial que geralmente é usado como chave primária para identificar unicamente uma linha na tabela. A sequência pode ser compartilhada por vários usuários para gerar número exclusivo único.

Sintaxe:

```
CREATE  SEQUENCE name [ INCREMENT [ BY ] increment ]
    [ MINVALUE minvalue | NO MINVALUE ] [ MAXVALUE maxvalue | NO MAXVALUE ]
    [ START [ WITH ] start ] [ CACHE cache ] [ [ NO ] CYCLE ]
```

Onde:

Cláusula	Descrição
INCREMENT BY	Define o intervalo entre os números de forma crescente ou decrescente. Default é 1
MINVALUE	Define o menor número que a sequência pode gerar.
NO MINVALUE	É o Default. Onde define o valor mínimo de 1 para sequência crescente e -10^{26} para sequência decrescente.
MAXVALUE	Define o maior número que a sequência pode gerar.
NO MAXVALUE	É o Default. Onde define o valor máximo de 10^{26} para sequência crescente e -1 para sequência decrescente.
START WITH	Define o primeiro número da sequência a ser gerado. Default é 1.
CYCLE	Define que a sequência repetirá os números quando atingir o limite inferior ou superior.
NO CYCLE	É o Default. Define que a sequência não pode repetir os números quando atingir o limite.

24.1 - Criando uma Sequência

```
primeiro_banco=>  CREATE SEQUENCE seq_teste1
primeiro_banco->          INCREMENT BY 1
primeiro_banco->          START WITH   6
primeiro_banco->          MAXVALUE     5000
primeiro_banco->          CACHE        10
primeiro_banco->          NO CYCLE;
CREATE SEQUENCE
```

Dica: As cláusulas do CREATE SEQUENCE não são separadas por vírgula.

24.2 - Usando a Seqüência

O uso da sequência é possível através das seguintes funções:

Função	Descrição
NEXTVAL	Retorna o próximo valor da sequência disponível.
CURRVAL	Retorna o valor mais recente obtido pelo NEXTVAL na seção.
SETVAL	Altera o valor da seqüência.

24.3 - Recuperando o Valor Atual da Seqüência Independente da Função NEXTVAL

```
primeiro_banco=> SELECT* FROM seq_teste1;
```

sequence _name	last_ value	increment _by	max_ value	min_ value	cache_ value	log _cnt	is_ cycled	is_ called
seq_ teste1	6	1	5000	1	10	1	f	f

```
(1 row)
```

24.4 - Extraindo Valores de uma Seqüência com NEXTVAL

```
primeiro_banco=> SELECT NEXTVAL('seq_teste1');
 nextval
---------
    6
(1 row)
```

Ordem	Seção	Comando com Resultado
1	1	CREATE SEQUENCE seq_teste1 INCREMENT BY 1 START WITH 6 MAXVALUE 5000 CACHE 10 NO CYCLE; CREATE SEQUENCE
2	1	SELECT NEXTVAL('seq_teste1'); nextval ------ 6 (1 row)
3	2	SELECT NEXTVAL('seq_teste1'); nextval ------ 16 (1 row)
3	1	SELECT NEXTVAL('seq_teste1'); nextval ------ 7 (1 row)
4	1	SELECT NEXTVAL('seq_teste1'); nextval ------ 8 (1 row)
5	1	SELECT CURRVAL('seq_teste1'); currval ------ 8 (1 row)
6	2	SELECT CURRVAL('seq_teste1'); currval ------ 16 (1 row)

Ordem	Seção	Comando com Resultado
7	1	SELECT SETVAL('seq_teste1',5); setval ———— 5 (1 row)
8	1	SELECT NEXTVAL('seq_teste1'); nextval ————- 6 (1 row)
9	1	SELECT CURRVAL('seq_teste1'); currval ————- 6 (1 row)
10	2	SELECT CURRVAL('seq_teste1'); currval ————- 16 (1 row)

24.5 - Incluindo Valores Únicos numa Tabela com a Sequência

```
primeiro_banco=> SELECT * FROM teste1;
 a |   b
———+————-
 1 | aaaaa
 2 | bbbbb
 3 | ccccc
 4 | ddddd
 5 | eeeee
(5 rows)

primeiro_banco=> INSERT INTO teste1
primeiro_banco->   VALUES(NEXTVAL('seq_teste1'),'fffff');
INSERT 17687 1
primeiro_banco=> SELECT * FROM teste1;
 a |   b
———+————-
 1 | aaaaa
 2 | bbbbb
 3 | ccccc
 4 | ddddd
 5 | eeeee
11 | fffff
(6    rows)
```

24.6 - Modificando uma Sequência

Sintaxe:

```
ALTER SEQUENCE name [ INCREMENT [ BY ] increment ]
   [ MINVALUE minvalue | NO MINVALUE ] [ MAXVALUE maxvalue | NO MAXVALUE ]
   [ RESTART [ WITH ] start ] [ CACHE cache ] [ [ NO ] CYCLE ]
```

No próximo comando a sequência alcançou o valor máximo (MAXVAL), sendo assim na tentativa de alocar um próximo valor provocou um erro. Neste tipo de situação você pode modifica-la para continuar usando.

```
primeiro_banco=> SELECT NEXTVAL('seq1');
ERROR:  nextval: reached maximum value of sequence "seq1" (4)

primeiro_banco=> ALTER SEQUENCE seq1 MAXVALUE 100;
ALTER SEQUENCE

primeiro_banco=> SELECT NEXTVAL('seq1');
 nextval
---------
    5
(1 row)
```

24.7 - Excluindo uma Sequência

Sintaxe: `DROP SEQUENCE name [, ...] [ CASCADE | RESTRICT ]`

O comando a seguir exclui a sequência seq1:

```
primeiro_banco=> DROP SEQUENCE seq1;
DROP SEQUENCE
```

24.8 - Erro Comum

Somente podemos fazer acesso à função CURRVALUE após ter feito, pelo menos, um acesso à função NEXTVAL na seção, ou seja, após a sequência ter sido inicializada.

```
primeiro_banco=> SELECT CURRVAL('seq_teste1');
ERROR: currval of sequence "seq_teste1" is not yet defined in this session
ERROR: currval of sequence "seq_teste1" is not yet defined in this session
```

25

USANDO ÍNDICES

É um objeto do banco de dados que pode acelerar o acesso a dados da tabela. O índice é usado e mantido automaticamente pelo SGBD. O sistema mantém o índice sincronizado com a tabela. Os índices podem ser criados e excluídos sem qualquer interferência na tabela referenciada ou outro índice. Não há necessidade do usuário informar o uso do índice.

O índice pode ser criado através de um comando SQL executado por você ou automaticamente quando você define uma restrição PRIMARY KEY ou UNIQUE em uma tabela. Não havendo índice, o acesso é feito em toda a tabela.

A criação do índice é recomendada para tabelas grandes e acessadas por consultas que recuperam menos de 2 a 4% de linhas e possuem colunas usadas na cláusula WHERE ou em uma condição de junção.

Sintaxe:

```
CREATE [ UNIQUE ] INDEX name ON table [ USING method ]
    ( { column | ( expression ) } [ opclass ] [, ...] )
    [ TABLESPACE tablespace ]
    [ WHERE predicate ]
```

Cláusula	Descrição
UNIQUE	Garante a unicidade dos valores
INDICE	Nome do índice
ON	Nome da tabela a ser indexada
USING	Tipo de estrutura do índice. B-tree, R-tree, Hash, GiST. O default é o B-tree
(......)	Colunas a serem indexadas, expressões (funções) ou classes dos operadores
TABLESPACE	Local de armazenamento do índice
WHERE	Para particionamento de índice em subconjunto

25.1 - Criando e Usando Índice B-tree

O índice B-tree é o índice Default e também o mais usado. Possui uma estrutura balanceada de forma a otimizar o tempo de acesso aos dados, visando o mesmo tempo de acesso a qualquer dado na tabela.

O comando seguinte cria um índice B-tree, não único, na coluna nome da tabela aluno e mostra uma consulta candidata ao uso do índice:

```
primeiro_banco=> CREATE INDEX idx_nome_aluno ON aluno(nome);
CREATE INDEX

primeiro_banco=> SELECT endereco FROM aluno WHERE nome='Leonardo
Valente';

        endereco
_____
 Rua Ivan Raposo 204/101
(1 row)
```

O comando seguinte cria um índice B-tree único na coluna descricao para a tabela disciplina:

```
primeiro_banco=> CREATE UNIQUE INDEX idx_nome_disciplina ON
disciplina (descrição);
CREATE INDEX
```

Dica: Os valores nulos não são considerados únicos.

O comando seguinte cria um índice baseado em função (expressão) na coluna bairro da tabela aluno e mostra uma consulta candidata ao uso do índice.

```
primeiro_banco=> CREATE INDEX idx_bairro_aluno ON aluno(LOWER(bairro));
CREATE INDEX

primeiro_banco=> SELECT * FROM aluno WHERE LOWER(bairro) =
'freguesia';
```

matricula	nome	endereco	bairro	dt_nascimento	sexo
m014	Vitor Blanco da Costa	Rua Retiro dos Artistas 1001	Freguesia		M

(1 row)

25.2 - CRIANDO ÍNDICE R-TREE (REGION TREE)

O índice R-tree é usado para consultas de dados espaciais de duas dimensões.

Comando: CREATE INDEX nome_do_indice ON tabela USING rtree (coluna)

25.3 - CRIANDO ÍNDICE HASH

Comando: CREATE INDEX nome_do_indice ON tabela USING hash (coluna)

25.4 - EXCLUINDO UM ÍNDICE

Sintaxe: DROP INDEX name [, ...] [CASCADE | RESTRICT]

O comando a seguir remove o índice de nome idx_bairro_aluno.

```
primeiro_banco=> DROP INDEX idx_bairro_aluno;
DROP INDEX
```

Dica 1: Para alterar um índice, você deve excluí-lo e, em seguida, recriá-lo.

Dica 2: é recomendado a migração do índice R-tree para GiST, pois é possível que o R-tree seja retirado em futuras versões.

25.5 - Reconstruindo o Índice

Sintaxe:

```
REINDEX { INDEX | TABLE | DATABASE | SYSTEM { nome_do_indice {FORCE{
```

Cláusula	Descrição
INDEX	Recria o índice especificado.
TABLE	Recria todos os índices da tabela especificada.
DATABASE	Recria todos os índices do banco de dados corrente.
SYSTEM	Recria todos os índices do catálogo do sistema.
nome_do_indice	Nome do índice, tabela ou banco de dados a ser recriado.
FORCE	Opção não mais usada e ignorada se especificada.

O comando seguinte recria o índice idx_nome_aluno

```
primeiro_banco=> REINDEX INDEX idx_nome_aluno;
REINDEX
```

O comando seguinte recria todos os índices da tabela aluno_na_disciplina

```
primeiro_banco=> REINDEX TABLE aluno_na_disciplina;
REINDEX
```

26

Usando o Comando COMMENT para Definir Comentário para Objetos

Sintaxe:

```
COMMENT ON
{
  TABLE object_name |
  COLUMN table_name.column_name |
  AGGREGATE agg_name (agg_type) |
  CAST (sourcetype AS targettype) |
  CONSTRAINT constraint_name ON table_name |
  CONVERSION object_name |
  DATABASE object_name |
  DOMAIN object_name |
  FUNCTION func_name ( [ [ argmode ] [ argname ] argtype [, ...]
] ) |
  INDEX object_name |
  LARGE OBJECT large_object_oid |
  OPERATOR op (leftoperand_type, rightoperand_type) |
  OPERATOR CLASS object_name USING index_method |
  [ PROCEDURAL ] LANGUAGE object_name |
  RULE rule_name ON table_name |
```

```
  SCHEMA object_name |
  SEQUENCE object_name |
  TRIGGER trigger_name ON table_name |
  TYPE object_name |
  VIEW object_name
} IS 'text'
```

26.1 - CRIANDO UM COMENTÁRIO DE COLUNA E TABELA RESPECTIVAMENTE

```
primeiro_banco=> comment on column curso.descricao is 'Nome dos
cursos';
COMMENT
primeiro_banco=> comment on column curso.cod_curso is 'Código
do curso';
COMMENT
primeiro_banco=> comment on table curso is 'Tabela contendo
informações sobre os cursos';
COMMENT
```

26.2 - REMOVENDO O COMENTÁRIO

```
primeiro_banco=>  comment on table t1 is null;
```

Dica 1: O comentário é somente visível para o banco de dados que aonde foi criado.

Dica 2: Tenha cuidado com o tipo de informação do comentário, pois ele poderá ser visível por todos os usuários do banco de dados.

26.3 - EXIBINDO O COMENTÁRIO

```
primeiro_banco=> \dd t1
Object descriptions

 Schema | Name | Object |         Description
--------+------+--------+------------------------------
 public | t1   | table  | comentário de testeeeeee
(1 row)
```

27

Funções em Linguagem SQL

O PostgreSQL provê 4 tipos de funções: Funções em linguagem SQL, funções de linguagem procedurais, funções internas e funções em linguagem C.

Sintaxe:

```
CREATE [OR REPLACE] FUNCTION nome_da_função([parametro1,
parametro2, ...])
RETURNS retorno_tipo_de_dado AS '
                Corpo_da_função;
' LANGUAGE SQL;
```

Cláusula	Descrição
CREATE FUNCTION	Especifica o nome da função e seus respectivos parâmetros. Se não especificarmos o nome do esquema antes do nome da função, a função será criada no esquema padrão denominado PUBLIC. Seus parâmetros, caso existam, são identificados por $1, $2, e assim por diante.
RETURNS	Especifica um ou mais tipos de dados (integer, varchar e outros) retornado pela função ou tipos de dados de várias linhas (RESULT SET).
AS	Especifica a lógica da função envolto pelo caracter plics (aspas simples) ou dollar duplo ($$).
LANGUAGE SQL	Especifica a linguagem usada na lógica da função (LANGUAGE 'PLPGSQL')

182 | Dominando o PostgreSQL

Dica 1: Para que a função seja usada por outro usuário que não seja o usuário que a criou, é necessário dar permissão de execute na função para este.

Dica 2: Você pode usar o comando DROP FUNCTION nome_da_função() para remover a função.

27.1 - Definindo Funções em Linguagem SQL

As funções em linguagem SQL consistem em um conjunto de comandos SQL (SELECT,INSERT,UPDATE ou DELETE) que retornam um valor em seu nome. Se o último comando não retornar valor, um nulo será usado como retorno.

No postgreSQL nós temos vários tipos de linguagens procedurais como: PL/PgSQL, PL/Tcl, PL/Perl e outras. Para o uso de uma linguagem procedural , devemos primeiro carregar no banco de dados o módulo correspondente.

27.2 - Funções com Passagem de Parâmetro

As funções seguintes retornam valor passado por parâmetro acrescido de 1.

Usamos aspas simples no corpo da função.

```
primeiro_banco=> CREATE OR REPLACE FUNCTION soma_1(INTEGER)
primeiro_banco-> RETURNS INTEGER AS '
primeiro_banco'>          SELECT $1 + 1;
primeiro_banco'> '
primeiro_banco-> LANGUAGE SQL;
CREATE FUNCTION

primeiro_banco=> SELECT soma_1(2);
 soma_1
--------
    3
(1 row)
```

Ou usamos dolar duplo no corpo da função:

```
primeiro_banco=> CREATE OR REPLACE FUNCTION soma_1(INTEGER)
primeiro_banco-> RETURNS INTEGER AS $$
primeiro_banco'>          SELECT $1 + 1;
primeiro_banco'> $$ LANGUAGE SQL;
CREATE FUNCTION
```

Capítulo 27 – Funções em Linguagem SQL | 183

A função seguinte recebe 2 parâmetros que são recebidos em $1 e $2:

```
primeiro_banco=> CREATE OR REPLACE FUNCTION soma_valores
primeiro_banco=>          (integer, integer)
primeiro_banco=> RETURNS integer AS $$
primeiro_banco$>       SELECT $1 + $2;
primeiro_banco$> $$ LANGUAGE SQL;
CREATE FUNCTION
primeiro_banco=>
primeiro_banco=> SELECT soma_valores(1,3) AS Resultado;
 resultado
───────────
     4
(1 row)
```

Dica: Funções com parâmetro de saída (out) foram implementadas a partir da versão 8.1.

A função seguinte recebe 1 parâmetro de entrada e retorna o resultado em um parâmetro de saída:

```
primeiro_banco=> CREATE FUNCTION taxa_de_vendas
primeiro_banco=>          (subtotal real, OUT taxa real) AS $$
primeiro_banco$> BEGIN
primeiro_banco$>          taxa:= subtotal * 0.06;
primeiro_banco$> END
primeiro_banco$> $$ LANGUAGE plpgsql;
CREATE FUNCTION
```

27.3 - Funções que Retornam um Tipo de Dado Composto com uma Única Linha

```
primeiro_banco=> CREATE TABLE T1(a int, b int, c text);
CREATE TABLE

primeiro_banco=> SELECT * FROM t1 ORDER BY 1,2,3;
 a | b |  c
───+───+────────────────────────────────────────
 1 | 1 | Marco Antonio Pereira Guimarães Faisca
 1 | 2 | Helena Santoro de Castro
 2 | 1 | Lygia Helena Valle da Costa Ferraz
```

O comando a seguir retorna uma única linha com um tipo composto de dado:

```
primeiro_banco=> CREATE OR REPLACE FUNCTION lista_t1()
primeiro_banco-> RETURNS t1 AS $$
primeiro_banco$>     SELECT * FROM t1;
primeiro_banco$> $$ LANGUAGE SQL;
CREATE FUNCTION

primeiro_banco=> SELECT lista_t1();
  lista_t1
----------
 (2,1,lygia)
(1 row)

primeiro_banco=> DROP FUNCTION lista_t1();
DROP FUNCTION
```

27.4 - Funções que Retornam um Conjunto de Dados com Várias Linhas

O comando seguinte usa a cláusula SETOF para retornar um conjunto de linhas em vez de uma única linha.

```
primeiro_banco=> CREATE OR REPLACE FUNCTION lista_t1()
primeiro_banco-> RETURNS SETOF t1 AS $$
primeiro_banco$>     SELECT * FROM t1;
primeiro_banco$> $$ LANGUAGE SQL;
CREATE FUNCTION
primeiro_banco=> SELECT lista_t1();
   lista_t1
----------
 (2,1,Lygia Helena Valle da Costa Ferraz)
 (1,1,Marco Antonio Pereira Guimarães Faisca)
 (1,2,Helena Santoro de Castro)
(3 rows)
```

27.5 - Funções Overloading

Este tipo de opção permite que várias funções possuam o mesmo nome e com parâmetro diferente. A função a ser chamada é definida de acordo com o tipo ou quantidade de parâmetro.

Capítulo 27 – Funções em Linguagem SQL | 185

```
primeiro_banco=> CREATE OR REPLACE FUNCTION f1(int)
primeiro_banco-> RETURNS int AS $$
primeiro_banco$>    SELECT 1
primeiro_banco$> $$ LANGUAGE SQL;
CREATE FUNCTION
primeiro_banco=>
primeiro_banco=> CREATE OR REPLACE FUNCTION f1(char)
primeiro_banco-> RETURNS int AS $$
primeiro_banco$>    SELECT 2
primeiro_banco$> $$ LANGUAGE SQL;
CREATE FUNCTION
primeiro_banco=> CREATE OR REPLACE FUNCTION f1(int,int)
primeiro_banco-> RETURNS int AS $$
primeiro_banco$>    SELECT 3
primeiro_banco$> $$ LANGUAGE SQL;
CREATE FUNCTION
```

• Usando a primeira versão com o uso de um parâmetro inteiro:

```
primeiro_banco=> SELECT f1(1);

 f1
____

  1
(1 row)
```

• Usando a segunda versão com o uso um parâmetro caracter:

```
primeiro_banco=> SELECT f1('a');

 f1
____

  2
(1 row)
```

• Usando a terceira versão com o uso de dois parâmetros inteiros:

```
primeiro_banco=> SELECT f1(1,2);

 f1
____

  3
(1 row)
```

27.6 - Verificando Funções no Dicionário de Dados do Banco de Dados

```
primeiro_banco=> SELECT proname,prosrc from pg_proc where proname
like '%f1%';
```

```
proname   |    prosrc
----------+--------------
  f1      |   SELECT 1
  f1      |   SELECT 2
  f1      |   SELECT 3
(3 rows)
```

28

Funções em PL/PgSQL

O comando seguinte carrega o módulo da linguagem procedural PL/PgSQL no banco de dados primeiro_banco:

```
PostgreSQL>createlang -U postgresql plpgsql primeiro_banco
```

Dica 1: Carregue a linguagem procedural desejada para o banco de dados TEMPLATE1, para fazer a linguagem disponível para todos os novos bancos de dados.

Dica 2: Uma das ferramentas que facilita o desenvolvimento de *procedure* é o PgAccess.

28.1 - Vantagem de Usar PL/PgSQL

A linguagem PL/PgSQL pode enviar, em uma única chamada, um conjunto de instruções SQL, como um único bloco, reduzindo assim o tráfico da rede.

28.2 - Estrutura do PL/PgSQL

O PL/PgSQL é uma extensão da linguagem SQL, estruturada em blocos, que oferece recursos extras de linguagem procedural.

Cada declaração e cada linha de comando termina com ";", com exceção do último END, que tem a obrigatoriedade de terminar com ".".

Podemos usar "—" para comentário de linha ou /* e */ como delimitador para comentar um bloco de linhas.

Um bloco pode ser constituído de subblocos.

```
DECLARE
  variáveis
BEGIN
  Instruções SQL e PL/PgSQL
END.
```

Dica: A seção DECLARE é opcional.

28.3 - Declaração de Variáveis

Podemos ter vários tipos de variáveis como:

28.3.1 - Especificando um Nome para Variável de Parâmetro

Usada para dar um apelido mais fácil de compreensão a um parâmetro ($1) de entrada passado para procedure.

• Usando variável tipo ALIAS

```
primeiro_banco=> CREATE FUNCTION taxa_de_vendas(real)
primeiro_banco=> RETURNS REAL AS $$
primeiro_banco$> DECLARE
primeiro_banco$>     subtotal ALIAS FOR $1;
primeiro_banco$> BEGIN
primeiro_banco$>     RETURN  subtotal  *  0.06;
primeiro_banco$> END
primeiro_banco$>   $$ LANGUAGE plpgsql;
```

```
CREATE FUNCTION
primeiro_banco=>
primeiro_banco=> SELECT taxa_de_vendas(200);
 taxa_de_vendas
 _____

            12
(1 row)
```

• Usando o nome no comando CREATE FUNCTION

```
primeiro_banco=> CREATE FUNCTION taxa_de_vendas(subtotal real)
primeiro_banco=>          RETURNS REAL AS $$
primeiro_banco$> BEGIN
primeiro_banco$>          RETURN  subtotal  *  0.06;
primeiro_banco$> END
primeiro_banco$> $$ LANGUAGE plpgsql;
CREATE FUNCTION
primeiro_banco=>
primeiro_banco=> SELECT taxa_de_vendas(200);
 taxa_de_vendas
 _____

            12
(1 row)
```

28.3.2 - Variável Tipo INTERGER e VARCHAR

Usada para armazenar dado inteiro e caracter respectivamente.

```
DECLARE
     numero INTERGER;
     url       VARCHAR;
```

28.3.3 - Variável Tipo %TYPE

Usada normalmente para valor derivado de uma coluna de tabela. Tem como vantagem, manter um vínculo com a coluna da tabela do banco de dados e alterações na coluna serão refletidas na variável.

```
DECLARE
     nome     aluno.nome%TYPE;
```

28.3.4 - Variável Tipo %ROWTYPE

Usada normalmente para definir um tipo de dado derivado de uma linha de tabela. Tem como vantagem, manter um vínculo com a linha da tabela do banco de dados e alterações na linha serão refletidas na variável.

```
DECLARE
    linha_aluno aluno%ROWTYPE;
```

28.3.5 - Variável Tipo RECORD

Similar à variável do tipo ROWTYPE , todavia ela não possui uma estrutura pré-definida na sua criação. A definição de sua estrutura será determinada durante um SELECT ou na estrutura de controle.

```
DECLARE
    linha     RECORD;
BEGIN
    FOR linha IN SELECT * FROM aluno …
        Comandos;
END.
```

28.3.6 - Declaração RENAME

Usada para mudar o nome da variável, registro ou linha.

```
DECLARE
    RENAME cod TO codigo_do_usuário;
```

28.3.7 - Determinando o escopo da variável

```
DECLARE
    salario        numeric(7,2);
    msg_bloco1     text;
    hora_extra     numeric(7,2);
BEGIN
    msg_bloco1 := 'BLOCO NUMERO 1';
    salario            := 10000;
    hora_extra:= salario * 0.10;
    DECLARE
        salario            numeric(7,2);
        hora_extra         numeric(7,2);
        total_salario      numeric(7,2);
```

CAPÍTULO 28 – FUNÇÕES EM PL/PGSQL | 191

```
BEGIN
      msg_bloco1 := msg_bloco1||' COM BLOCO NUMERO2' ;
      salario    := 8000;
      hora_extra:= 0;
      total_salario := salario + hora_extra;
END;
      msg_bloco1 := 'NO BLOCO 1 CONCATENADO NO' || msg_bloco1;
END
```

- O valor da variável msg_bloco1 no sub-bloco é: "BLOCO NÚMERO 1 COM BLOCO NÚMERO 2".

- O valor da variável total_salario no bloco principal é: O bloco principal não enxerga esta variável.

- O valor da variável hora_extra no sub-bloco é: "0" — zero.

- O valor da variável hora_extra no bloco principal é: " 1000,00"

- O valor da variável msg_bloco1 no bloco principal é: "NO BLOCO 1 CONCATENADO NO BLOCO NÚMERO 1 COM BLOCO NÚMERO 2".

28.4 - EXPRESSÕES

```
primeiro_banco=> CREATE FUNCTION f1_log (linha TEXT)
primeiro_banco=>           RETURNS timestamp AS $$
primeiro_banco$>           BEGIN
primeiro_banco$>             INSERT INTO t1_log VALUES(linha,'NOW');
primeiro_banco$>             RETURN 'NOW';
primeiro_banco$>           END;
primeiro_banco$> $$ LANGUAGE Plpgsql;
CREATE FUNCTION
primeiro_banco=>
primeiro_banco=> SELECT * FROM t1_log;

 a | b
———+———
(0 rows)

primeiro_banco=> SELECT f1_log('Simone Monteiro Araujo');
          f1_log
————————————————————————————————
 2005-10-28 12:23:10.80666
(1 row)
```

```
primeiro_banco=> SELECT * from t1_log;

               a                |              b
--------------------------------+-----------------------------
 Simone Monteiro Araujo         | 2005-10-28 12:23:10.80666
(1 row)
```

28.5 - Usando o Comando SELECT INTO Dentro das Funções

O exemplo a seguir especifica a cláusula INTO no comando SELECT, para retornar uma única linha e direcionar a saída para uma variável. E também usa a variável NOT FOUND para obter o status do resultado do comando.

Você pode validar se o SELECT obteve sucesso, usando o NOTFOUND.

```
primeiro_banco=> CREATE OR REPLACE FUNCTION  f3(aluno.nome%type)
primeiro_banco=> RETURNS text AS $$
primeiro_banco$> DECLARE
primeiro_banco$>        linha RECORD;
primeiro_banco$> BEGIN
primeiro_banco$>        SELECT INTO Linha * FROM aluno
primeiro_banco$>         WHERE  nome = '$1';
primeiro_banco$>        IF NOT FOUND  THEN
primeiro_banco$>        RAISE EXCEPTION 'Empregado(a)
primeiro_banco$>        % não encontrado(a) ',$1;
primeiro_banco$>        ELSE
primeiro_banco$>        RETURN 'Empregado(a)  encontrado(a) ';
primeiro_banco$>        END IF
primeiro_banco$> END
primeiro_banco$> $$ LANGUAGE Plpgsql;
primeiro_banco=>
primeiro_banco=> SELECT f3('Carla');
ERROR:  Empregado(a) Carla não encontrado(a)

primeiro_banco=> SELECT f3('João Carlos da Silva');

                f3
------------------------------------
 Empregado(a) encontrado(a)
(1 row)
```

28.6 - Usando o NULL

```
Use o NULL para ignorar uma determinada condição
BEGIN
    y := x / 0;
EXCEPTION
    WHEN division_by_zero  THEN
              NULL;              — Ignora o erro
```

28.7 - Controlando Estruturas em PL/PgSQL

A estruturas de controle são usadas para alterar o fluxo lógico de instruções.

28.7.1 - Estruturas Condicionais

- IF expressão-boleana THEN comandos END IF;

- IF expressão-boleana THEN comandos ELSE comados END IF;

- IF expressão-boleana THEN comandos ELSE IF expressão-boleana THEN comandos END IF; END IF;

- IF expressão-boleana THEN comandos ELSIF expressão-boleana THEN comandos ELSE comandos END IF;

- IF expressão-boleana THEN comandos ELSEIF expressão-boleana THEN comandos ELSE comandos END IF;

Exemplos:

```
. . .
IF nome = 'Andréa'  THEN
    return 22;
END IF;



. . .
IF contador > 0  THEN
    return 'aceitável';
ELSE
    return  'não aceitável';
END IF;
```

```
. . .
IF numero  =  0   THEN
       resultado    := 'zero';
ELSIF   numero  > 0   THEN
       resultado    := 'positivo';
ELSIF   numero  < 0   THEN
       resultado    := 'negativo';
ELSE
      resultado     := 'null';
END IF;
```

Dica: O ELSEIF é um ALIAS (apelido) para o ELSIF.

28.7.2 - Estruturas de Repetição

A estruturas de repetição são usadas para repetir uma instrução ou seqüência de instruções várias vezes.

• Loop Básico

É o formato mais simples de um LOOP, que delimita a seqüência de instrução a serem executadas até o comando EXIT, que é usado para encerrar ou sair de um LOOP.

Sintaxe: `LOOP`
```
        comandos;
        EXIT  [ WHEN condição[
        END LOOP;
```

```
primeiro_banco=> CREATE OR REPLACE FUNCTION f2()  RETURNS int  AS $$
primeiro_banco$> DECLARE
primeiro_banco$> contador   integer;
primeiro_banco$> BEGIN
primeiro_banco$> contador := 0;
primeiro_banco$>     LOOP
primeiro_banco$>          contador:= contador + 1;
primeiro_banco$>          EXIT WHEN contador >=1000;
primeiro_banco$>     END LOOP;
primeiro_banco$>     return contador;
primeiro_banco$> END
primeiro_banco$> $$ LANGUAGE plpgsql;
CREATE FUNCTION

primeiro_banco=>
primeiro_banco=> SELECT f2();
  f2
_____

 1000
(1 row)
```

Dica: O LOOP pode ter vários EXITs, quando o primeiro for atendido o programa sai do LOOP.

• FOR

É a estrutura que faz o controle da interação por meio de um contador, declarado implicitamente. A seqüência de comandos é executada de acordo com os limites inferior e superior do loop.

Sintaxe:

```
FOR contador IN [REVERSE[ limite-inferior . . . limite-superior  LOOP
        comandos;
    END LOOP;
```

Cláusula	Descrição
contador	é um inteiro declarado implicitamente cujo valor aumenta ou diminui automaticamente em uma unidade. Não pode ser modificado.
REVERSE	Indica que o contador deve decrescer a cada iteração a partir do limite superior até o inferior.
limite-inferior	especifica o limite inferior do contador. Sempre é o menor valor.
limite-superior	especifica o limite superior do contador.

```
primeiro_banco=> CREATE OR REPLACE FUNCTION f1()  RETURNS VOID  AS $$
primeiro_banco$> BEGIN
primeiro_banco$>      FOR i   IN  1..5  LOOP
primeiro_banco$>             RAISE NOTICE 'i  is  %', i;
primeiro_banco$>       END LOOP;
primeiro_banco$>       RETURN ;
primeiro_banco$>  END
primeiro_banco$>  $$ LANGUAGE Plpgsql;
CREATE FUNCTION
primeiro_banco=>
primeiro_banco=> SELECT f1();
NOTICE:   i  is  1
NOTICE:   i  is  2
NOTICE:   i  is  3
NOTICE:   i  is  4
NOTICE:   i  is  5
 f1
 ----
(1 row)
```

Dica 1: O contador somente pode ser referenciado dentro do loop. Fora ele é indefinido.

Dica 2: A função "RAISE NOTICE msg, variável" retorna a msg ao cliente, e o conteúdo da variável é substituído pelo símbolo "%" da msg.

• WHILE

É usada para repetir uma sequência de comandos até que a condição de controle não seja mais TRUE. A condição é avaliada ao início de cada interação.

Sintaxe:

```
WHILE condição   LOOP
     comandos;
END LOOP;

primeiro_banco=> CREATE OR REPLACE FUNCTION f1()  RETURNS VOID  AS $$
primeiro_banco$> DECLARE
primeiro_banco$> contador integer;
primeiro_banco$> BEGIN
primeiro_banco$> contador:=1;
primeiro_banco$>     WHILE contador <= 5   LOOP
primeiro_banco$>     RAISE NOTICE 'contador  is  %', contador;
primeiro_banco$>          contador:=contador+1;
primeiro_banco$>     END LOOP;
primeiro_banco$>     RETURN ;
primeiro_banco$> END
primeiro_banco$> $$ LANGUAGE Plpgsql;
CREATE FUNCTION
primeiro_banco=>
primeiro_banco=> SELECT f1();
NOTICE:  contador  is  1
NOTICE:  contador  is  2
NOTICE:  contador  is  3
NOTICE:  contador  is  4
NOTICE:  contador  is  5

 f1
----

(1 row)
```

28.7.3 - Estrutura de Repetição com o Resultado de uma Consulta

Você pode implementar uma estrutura de controle com o resultado de uma query (SELECT).

Sintaxe:

```
FOR variável IN    query   LOOP
    comandos;
END LOOP;
```

```
primeiro_banco=> CREATE OR REPLACE FUNCTION f1()  RETURNS VOID  AS $$
primeiro_banco$> DECLARE
primeiro_banco$> linha   RECORD;
primeiro_banco$> BEGIN
primeiro_banco$> FOR linha IN SELECT * from aluno where sexo = 'F' LOOP
primeiro_banco$>      INSERT INTO aluna
primeiro_banco$> VALUES(linha.matricula,linha.nome,linha.endereco);
primeiro_banco$> END LOOP;
primeiro_banco$> RETURN;
primeiro_banco$> END
primeiro_banco$> $$ LANGUAGE plpgsql;
CREATE FUNCTION

primeiro_banco=> SELECT * from aluna;
 matricula | nome | endereço
-----------+------+----------
(0 rows)

primeiro_banco=> SELECT F1();
 f1
----

(1 row)

primeiro_banco=> SELECT * FROM ALUNA;
```

matricula	nome	endereço
m001	Ana Arruda	Rua 17 n.19
m005	Lúcia Ruas	Rua Érico Veríssimo 123/309
m010	Roberta Saud	Rua Monsenhor Ascâneo 121
m012	Cristina Matta	Rua Auda Garrido 200;103
m003	Haydee Regina de Castro	Av. Rio Morto 10000
m006	Adriana Araujo	Av. das Américas 1900_Bl_H/903
m015	Carmem Linnéia Fernandes Marquete	Rua da Gávea 100/104

```
(7 rows)
```

Dica: A variável utilizada pode ser do tipo RECORD ou %ROWTYPE.

28.8 - Executando Comandos de Forma Dinâmica

Algumas vezes você quer gerar um comando dinâmico dentro de uma função. O comando EXECUTE possibilita executar um comando SQL em formato texto.

Sintaxe: **EXECUTE** `'comando SQL';`

A função seguinte cria uma tabela dinamicamente:

```
primeiro_banco=> CREATE OR REPLACE FUNCTION cria_tabela_dinamica(text)
primeiro_banco=> RETURNS char AS $$
primeiro_banco$> DECLARE
primeiro_banco$>        nome_tabela  ALIAS  FOR $1;
primeiro_banco$> BEGIN
primeiro_banco$> EXECUTE 'CREATE TABLE '|| nome_tabela||'(a text)' ;
primeiro_banco$>        RETURN 'Criada com sucesso';
primeiro_banco$> END
primeiro_banco$> $$ LANGUAGE plpgsql;
CREATE FUNCTION
primeiro_banco=>
primeiro_banco=> SELECT cria_tabela_dinamica('tabela_teste');

  cria_tabela_dinamica
 ----------------------
  Criada com sucesso
 (1 row)
```

A função a seguir remove linhas da tabela passada por parâmetro:

```
primeiro_banco=> CREATE OR REPLACE FUNCTION remove_linhas(text)
primeiro_banco=> RETURNS char AS $$
primeiro_banco$> DECLARE
primeiro_banco$>       tabela  ALIAS  FOR $1;
primeiro_banco$>       sql        text;
primeiro_banco$> BEGIN
primeiro_banco$>       sql := 'TRUNCATE TABLE  '|| tabela ;
primeiro_banco$>       EXECUTE  sql;
primeiro_banco$>       RETURN 'ok';
primeiro_banco$> END
primeiro_banco$> $$ LANGUAGE plpgsql;
CREATE FUNCTION
primeiro_banco=>
primeiro_banco=> SELECT remove_linhas('aluna');
  remove_linhas
 ---------------
  ok
 (1 row)
```

A próxima função usa o comando EXECUTE na estrutura de repetição FOR IN:

```
primeiro_banco=> CREATE OR REPLACE FUNCTION f1(text)
primeiro_banco=> RETURNS VOID AS $$
primeiro_banco$> DECLARE
primeiro_banco$> linha   RECORD;
primeiro_banco$> BEGIN
primeiro_banco$>    FOR linha  IN EXECUTE
primeiro_banco$>    'SELECT * from aluno where sexo = '||$1||''''
primeiro_banco$>    LOOP
primeiro_banco$>    INSERT INTO aluna
primeiro_banco$>    VALUES(linha.matricula,linha.nome,
primeiro_banco$>    linha.endereco);
primeiro_banco$>    END LOOP;
primeiro_banco$>    RETURN;
primeiro_banco$> END
primeiro_banco$> $$ LANGUAGE plpgsql;
CREATE FUNCTION
```

28.9 - Tratamento de Exceções

Quando um erro ocorre durante a execução de um bloco plpgSQL, uma exceção é criada. Se no código plpgSQL houver um tratamento de exceção, este erro é desviado para lista de exceções, e depois continua sua execução fora do bloco. Se não, se propagará direto para fora do bloco, e não encontrando tratamento, a função terminará com falha.

A função a seguir faz o tratamento de exceção, desta forma, o comando INSERT NÃO sofre ROLLBACK, a variável "X" é incrementada de 1, o comando UPDATE sofre ROLLBACK e após o tratamento de exceção a execução é desviada para o próximo comando após o END do bloco correspondente.

```
primeiro_banco=> CREATE OR REPLACE FUNCTION tratamento_error()
primeiro_banco=> RETURNS int AS $$
primeiro_banco$> DECLARE
primeiro_banco$>    x   integer;
primeiro_banco$>    y   integer;
primeiro_banco$> BEGIN
primeiro_banco$> x:=0;
primeiro_banco$>    INSERT INTO aluna(matricula,nome)
primeiro_banco$>       VALUES('m030','Márcia Carvalho');
primeiro_banco$>    BEGIN
primeiro_banco$>       UPDATE aluna SET nome = 'Juliana'
primeiro_banco$>       WHERE matricula = 'm030';
primeiro_banco$>       x:= x + 1;
primeiro_banco$>       y:= x  / 0;
primeiro_banco$>       EXCEPTION
```

DOMINANDO O POSTGRESQL

```
primeiro_banco$>          WHEN division_by_zero  THEN
primeiro_banco$>              RAISE NOTICE   'Divisão por zero';
primeiro_banco$>      END;
primeiro_banco$>  RAISE NOTICE '****bloco1*****';
primeiro_banco$> RETURN x;
primeiro_banco$> END
primeiro_banco$> $$ LANGUAGE plpgsql;
CREATE FUNCTION

primeiro_banco=> SELECT matricula,nome FROM aluna;

 matricula |            nome
-----------+-----------------------------------------
 m001      | Ana Arruda
 m005      | Lúcia Ruas
 m010      | Roberta Saud
 m012      | Cristina Matta
 m003      | Haydee Regina de Castro
 m006      | Adriana Araujo
 m015      | Carmem Linnéia Fernandes Marquete
(7 rows)

primeiro_banco=> SELECT tratamento_error();
NOTICE:  Divisão por zero
NOTICE:  ****bloco1*****

   tratamento_error
-----------------------
            1
(1 row)

primeiro_banco=> SELECT matricula,nome FROM aluna;

 matricula |            nome
-----------+-----------------------------------------
 m001      | Ana Arruda
 m005      | Lúcia Ruas
 m010      | Roberta Saud
 m012      | Cristina Matta
 m003      | Haydee Regina de Castro
 m006      | Adriana Araujo
 m015      | Carmem Linnéia Fernandes Marquete
 m030      | Márcia Carvalho
(8 rows)
```

A função a seguir NÃO faz o tratamento de exceção, desta forma, os comandos INSERT e UPDATE sofrerão ROLLBACK, a variável "X" NÃO é incrementada de 1 e a função termina com falha.

Capítulo 28 – Funções em PL/PgSQL | 201

```
primeiro_banco=> CREATE OR REPLACE FUNCTION tratamento_error()
primeiro_banco=> RETURNS  int  AS $$
primeiro_banco$> DECLARE
primeiro_banco$>     x  integer;
primeiro_banco$>     y  integer;
primeiro_banco$> BEGIN
primeiro_banco$> x:=0;
primeiro_banco$>       INSERT INTO aluna(matricula,nome) VALUES
primeiro_banco$>       ('m030','Márcia Carvalho');
primeiro_banco$>       BEGIN
primeiro_banco$>       UPDATE aluna SET nome = 'Juliana'
primeiro_banco$>       WHERE  matricula = 'm030';
primeiro_banco$>           x:= x + 1;
primeiro_banco$>           y:= x  / 0;
primeiro_banco$>       END;
primeiro_banco$> RAISE NOTICE '****bloco1*****';
primeiro_banco$> RETURN x;
primeiro_banco$> END
primeiro_banco$> $$ LANGUAGE plpgsql;
CREATE FUNCTION

primeiro_banco=> SELECT matricula,nome FROM aluna;

 matricula |              nome
-----------+-------------------------------------------
 m001      | Ana Arruda
 m005      | Lúcia Ruas
 m010      | Roberta Saud
 m012      | Cristina Matta
 m003      | Haydee Regina de Castro
 m006      | Adriana Araujo
 m015      | Carmem Linnéia Fernandes Marquete
(7 rows)

primeiro_banco=> SELECT tratamento_error();
ERROR:  division by zero
CONTEXT:  PL/pgSQL function "tratamento_error" line 10 at assignment
primeiro_banco=> SELECT matricula,nome FROM aluna;

 matricula |              nome
-----------+-------------------------------------------
 m001      | Ana Arruda
 m005      | Lúcia Ruas
 m010      | Roberta Saud
 m012      | Cristina Matta
 m003      | Haydee Regina de Castro
 m006      | Adriana Araujo
 m015      | Carmem Linnéia Fernandes Marquete
(7 rows)
```

A função a seguir faz o tratamento de exceção com UPDATE/INSERT:

```
primeiro_banco=> CREATE OR REPLACE FUNCTION atualiza_tabela
primeiro_banco=> (p_mat char, p_nome char)  RETURNS  VOID AS $$
primeiro_banco$> DECLARE
primeiro_banco$> BEGIN
primeiro_banco$>     LOOP
primeiro_banco$>         UPDATE aluno SET nome = p_nome
primeiro_banco$>         WHERE matricula = p_mat;
primeiro_banco$>           IF  found  THEN
primeiro_banco$>               RETURN;
primeiro_banco$>           END IF;
primeiro_banco$>       BEGIN
primeiro_banco$>         INSERT INTO aluno  VALUES(p_mat,p_nome);
primeiro_banco$>               RETURN;
primeiro_banco$>           EXCEPTION  WHEN unique_violation  THEN
primeiro_banco$>               —  Não faz nada
primeiro_banco$>       END;
primeiro_banco$>     END LOOP;
primeiro_banco$> END
primeiro_banco$> $$ LANGUAGE plpgsql;
CREATE FUNCTION

primeiro_banco=> SELECT matricula,nome FROM aluno WHERE matricula='m008';

  matricula |        nome
 ———————————+——————————————————
  m008       | Edmar
(1 row)

primeiro_banco=> SELECT atualiza_tabela('m008','Marcelo Araujo');
  atualiza_tabela
 ————————————————————--

(1 row)


primeiro_banco=> SELECT matricula,nome FROM aluno WHERE matricula='m008';

  matricula |        nome
 ———————————+——————————————————
  m008       | Marcelo Araujo
(1 row)
```

29

TRIGGERS

Trigger é um procedimento armazenado que é ativado por eventos do banco de dados. A implementação da trigger pode ser feita através de uma função em PL/pgSQL. Sua chamada é feita através da criação de um objeto que faz uma chamada para a função. Como a trigger faz uma chamada para uma função, isso faz com que as triggers possam ser implementadas em JAVA, PERL, C, TCL, etc. A função de uma trigger deve ter um retorno do tipo "trigger".

Sintaxe:
```
CREATE TRIGGER nome_da_trigger ( BEFORE | AFTER )
( evento [OR ... [ )
      ON  nome_da_tabela [ FOR [ EACH [ ( ROW | STATEMENT ) [
      EXECUTE PROCEDURE  nome_da_função (argumento)
```

Cláusula	Descrição
nome_da_trigger	O nome dado para a trigger.
BEFORE | AFTER	Determina se a função é chamada antes ou após o evento.
evento(INSERT | UPDATE | DELETE)	Determina o evento que dispara a trigger.
nome_da_tabela	Determina o nome da tabela.
FOR EACH ROW | FOR EACH STATEMENT	Determina se a trigger será disparada uma vez para cada linha afetada pelo evento ou somente uma vez por comando.
nome_da_função	Determina a função chamada pela trigger
argumento	Determina uma lista de argumentos opcionais.

204 | DOMINANDO O POSTGRESQL

Dica 1: Para criar uma trigger, o usuário deve ter o privilégio TRIGGER on tabela.

Dica 2: Você pode usar o comando "DROP TRIGGER nome_da_trigger" para remover uma trigger.

```
primeiro_banco=> CREATE OR REPLACE FUNCTION audit_aluno() RETURNS trigger AS $$
primeiro_banco$> BEGIN
primeiro_banco$>     IF (TG_OP = 'DELETE') THEN
primeiro_banco$>        INSERT INTO aluno_log SELECT 'D', NOW(), user, OLD.*;
primeiro_banco$>           RETURN OLD;
primeiro_banco$>     ELSIF (TG_OP = 'UPDATE') THEN
primeiro_banco$>        INSERT INTO aluno_log SELECT 'U', NOW(), user, NEW.*;
primeiro_banco$>           RETURN NEW;
primeiro_banco$>     ELSIF (TG_OP = 'INSERT') THEN
primeiro_banco$>        INSERT INTO aluno_log SELECT 'I', NOW(), user, NEW.*;
primeiro_banco$>           RETURN NEW;
primeiro_banco$>     END IF;
primeiro_banco$>     RETURN NULL;
primeiro_banco$> END
primeiro_banco$> $$ LANGUAGE plpgsql;
CREATE FUNCTION

primeiro_banco=> CREATE TRIGGER trg_emp BEFORE INSERT OR UPDATE OR DELETE ON aluno
primeiro_banco->     FOR EACH ROW EXECUTE PROCEDURE audit_aluno();
CREATE TRIGGER

primeiro_banco=> INSERT INTO aluno(matricula,nome,bairro)
primeiro_banco=> VALUES('m51','Wilson Freitas','Urca');
INSERT 25984 1
primeiro_banco=> DELETE FROM aluno WHERE matricula='m51';
DELETE 1
primeiro_banco=> INSERT INTO aluno(matricula,nome,bairro)
primeiro_banco=> VALUES('m051','Wilson Freitas','Urca');
INSERT 25987 1

primeiro_banco=> SELECT * FROM aluno_Log;
```

operação	data_hora	usuario	matricula	nome	endereco	bairro	dt_nascimento	sexo
I	2005-11-01 22:16:54. 046768	usr_ escola	m51	Wilson Freitas		Urca		
D	2005-11-01 22:17:52. 648675	usr_ escola	m51	Wilson Freitas		Urca		
I	2005-11-01 22:18:12. 136482	usr_ escola	m051	Wilson Freitas		Urca		

(3 rows)

30

CURSOR

É uma variável usada para armazenar resultados de uma instrução SELECT, permitindo assim, o processamento individual de cada linha retornada pela instrução SELECT de várias linhas.

30.1 - DECLARANDO A VARIÁVEL CURSOR

A declaração de um cursor, pode ser:

• Criando uma variável do tipo REFCURSOR que pode ser usado com qualquer consulta.

Sintaxe:

```
nome_da_variável    TIPO_DE_DADO
        DECLARE
            cursor_aluno                refcursor;
```

• Declarando um cursor com uma consulta específica. É possível também a passagem de um parâmetro.

Sintaxe:

```
nome_da_variável   CURSOR   [(argumentos . . .)[   FOR   consulta;
DECLARE
   cursor_disciplina   CURSOR   SELECT descricao   FROM disciplina;
   cursor_aluno_ano (ano interger)   IS SELECT * FROM aluno_na_disciplina
WHERE periodo LIKE 'ano%';
```

Dica: Não inclua a cláusula INTO na declaração do cursor porque ela aparecerá posteriormente no comando FETCH.

30.2 - ABRINDO O CURSOR

Todo cursor para ser usado, primeiramente, deve ser aberto. Neste momento a consulta é executada.

Você pode abrir o cursor das seguintes maneiras:

• Usando o OPEN FOR consulta.
```
OPEN cursor_aluno   FOR   SELECT   nome   FROM   aluno   WHERE   sexo =   'M';
```

• Usando o OPEN FOR EXECUTE.
```
OPEN cursor_aluno FOR EXECUTE   'SELECT nome FROM aluno WHERE '
|| sexo = '||$1||'''';
```

• Usando o OPEN com consulta específica.
```
OPEN cursor_disciplina;
OPEN cursor_aluno_ano(2004);
```

30.3 - LENDO O CURSOR

Use o comando FETCH para extrair linhas do cursor.

Sintaxe:

```
FETCH   nome_do_cursor   INTO   ([variável1,variável2,  ...[  |
nome_do_registro);
```

Cláusula	Descrição
nome_do_cursor	Determina o nome do cursor.
variável1, variavel2, . . .	Nome da variável usada para armazenar os dados da linha.
nome_do_registro	Nome do registro usado para armazenar os dados da linha.

Exemplos:

```
FETCH cursor_aluno  INTO  v_nome;
FETCH cursor_disciplina  INTO  v_disciplina;
```

30.4 - Fechando o Cursor

Usado para fechar o cursor, liberando os recursos e permitindo que o mesmo seja outra vez aberto.

Sintaxe:

```
CLOSE  nome_do_cursor;
```

Exemplo:

```
CLOSE  cursor_aluno;
```

31

TRANSAÇÕES

É um controle que evita alguns tipos inconsistências, permitindo a execução de um conjunto de comando de forma única, possibilitando uma confirmação ou cancelamento de todo o bloco de comando. Também é possível controlar o acesso e a visibilidade dos dados entre as sessões. Para que isso seja possível, contamos com os comandos COMMIT, ROLLBACK e SAVEPOINT.

O postgreSQL utiliza o modelo MVCC (Multiversion Concurrency Control), para gerenciar transações em ambiente de multi-usuário, mantendo uma imagem dos dados no estado inicial da transação.

No exemplo abaixo os dois alunos novos e a atualização do endereço são visualizados somente pelo usuário que executou os comandos. O mesmo usuário em outra seção ou outros usuários que tenham acesso à mesma tabela não terão acesso ainda a estes novos dados, e sim a imagem dos dados que estavam antes da transação inciar.

```
BEGIN
  INSERT INTO aluno(matricula,nome) VALUES ('m055','Marcelo Galhardo');
  INSERT INTO aluno(matricula,nome) VALUES ('m066','Silvia Costa Araujo');
  UPDATE         aluno  SET endereco = ' Sanharó 123'
                 WHERE  matricula ='m055';
  . . .
```

O exemplo a seguir usa o comando SAVEPOINT para marcar pontos estratégicos de salva, deste modo caso haja necessidade, podemos desfazer a transação até o SAVEPOINT, garantindo a confirmação para os comandos anteriores. O comando ROLLBACK é usado para desfazer os comandos pendentes parcialmente. E o comando COMMIT faz com que as novas inclusões sejam confirmadas e liberadas para as demais seções e usuários.

```
primeiro_banco=>  SELECT * FROM outra_tabela;

 a | b | c
───+───+───
(0 rows)

primeiro_banco=> BEGIN;
BEGIN
primeiro_banco=> INSERT INTO outra_tabela values(1,1,1);
INSERT 25991 1
primeiro_banco=> SELECT * FROM outra_tabela;

 a | b | c
───+───+───
 1 | 1 | 1
(1 row)

primeiro_banco=> INSERT INTO outra_tabela values(2,2,2);
INSERT 25992 1
primeiro_banco=> SELECT * FROM outra_tabela;

 a | b | c
───+───+───
 1 | 1 | 1
 2 | 2 | 2
(2 rows)

primeiro_banco=> savepoint s1;
SAVEPOINT
primeiro_banco=> INSERT INTO outra_tabela values(3,3,3);
INSERT 25993 1
primeiro_banco=> savepoint s2;
SAVEPOINT
primeiro_banco=> SELECT * FROM outra_tabela;

 a | b | c
───+───+───
 1 | 1 | 1
 2 | 2 | 2
 3 | 3 | 3
(3 rows)
```

```
primeiro_banco=> rollback to s1;
ROLLBACK
primeiro_banco=> SELECT * FROM outra_tabela;

 a | b | c
---+---+---
 1 | 1 | 1
 2 | 2 | 2
(2 rows)

primeiro_banco=> commit;
COMMIT
```

Dica: O PostgreSQL segue o padrão ACID(automicidade, consistência, isolamento e durabilidade).

32

Backup e Restore

No PostgreSQL você pode trabalhar com diferentes tipos de backup.

O planejamento e os testes de backup são os procedimentos que dará a você , caso seja necessário, a possibilidade de recuperação do banco de dados em caso de falhas (Mídea, software, etc).

32.1 - Backup

Use o utilitário pg_dump para fazer backup consistente do PostgreSQL. A saída do pg_dump pode ser um arquivo texto com comandos SQL(script), que permitirá que o banco de dados seja recriado para o mesmo estado da hora que foi feito o backup. Este backup pode ser usado para recontruir o Banco de dados na mesma máquina, em outra máquina, ou até mesmo em outra arquitetura, com algumas modificações. Este formato, texto, é restaurado pelo próprio PSQL.

Outra alternativa é gerar o pg_dump no formato não texto(archive). Neste caso, devemos usar o pg_restore para restaurar o banco de dados.

214 | Dominando o PostgreSQL

O pg_dump não necessita de permissão especial para ser usado, basta que se tenha direito de leitura nas tabelas. Ele também pode ser executado remotamente.

Sintaxe: `pg_dump [opções] [nome_do_banco_de_dados] ;`

Na tabela seguinte segue algumas opções.

Cláusula	Descrição
Opções: -a	Backup somente dos dados.
-b	Backup de objetos do tipo BLOB.
-c	Remove os objetos, quando restaurado.
-d	Gera o dump com comandos INSERT ao invés do COPY.
-F[P|t|c]	Especifica o formato do arquivo de saída.
-n schema	Especifica o esquema a sofrer backup.
-t table	Backup somente da tabela especificada.
-U nome_do_usuáiro	Usuário usado para conexão no banco de dados ou use a variável de ambiente PGUSER.
-h nome_da_máquina	Nome da máquina (host) no qual o servidor PostgreSQL está executando ou use a variável de ambiente PGHOST.
-p número da porta	A porta TCP no qual o servidor está escutando ou use a variável de ambiente PGPORT.
Nome_do_banco_de_dados	Especifique o nome do banco ou use a variável de ambiente PGDATABASE.

32.1.1 - Como Fazer Backup com pg_dump

• Para fazer backup do banco de dados chamado primeiro_banco

```
PostgreSQL>pg_dump primeiro_banco > bkp.out
PostgreSQL>more bkp.out
—
— PostgreSQL database dump
—
SET client_encoding = 'LATIN1';
SET check_function_bodies = false;
SET client_min_messages = warning;
—
```

Capítulo 32 – Backup e Restore | 215

```
— Name: beatriz; Type: SCHEMA; Schema: -; Owner:
—
CREATE SCHEMA beatriz;
—
— Name: escola; Type: SCHEMA; Schema: -; Owner:
—
CREATE SCHEMA escola;
—
— Name: esq_escola; Type: SCHEMA; Schema: -; Owner:
—
CREATE SCHEMA esq_escola;
—
— Name: SCHEMA public; Type: COMMENT; Schema: -; Owner: jorge
—
COMMENT ON SCHEMA public IS 'Standard public schema';
—
— Name: tecnologia; Type: SCHEMA; Schema: -; Owner:
—
CREATE SCHEMA tecnologia;
—
— Name: usr_escola; Type: SCHEMA; Schema: -; Owner: usr_escola
—
CREATE SCHEMA usr_escola;
```

• Para fazer backup de um banco de dados que contenha objetos do tipo BLOB e gerar a saída no formato TAR (Archive).

```
PostgreSQL>pg_dump -Ft -b primeiro_banco > bkp.tar
```

Neste exemplo a saída do PGDUMP conterá o comando SQL que remove os objetos antes de restaurar os dados.

```
PostgreSQL>pg_dump -c primeiro_banco > bkp-c.out
PostgreSQL>more bkp-c.out
—
— PostgreSQL database dump
—
SET client_encoding = 'LATIN1';
SET check_function_bodies = false;
SET client_min_messages = warning;

SET search_path = usr_escola, pg_catalog;

ALTER TABLE ONLY usr_escola.aluno_na_disciplina DROP CONSTRAINT
fk_matricula;
ALTER TABLE ONLY usr_escola.disciplina DROP CONSTRAINT
fk_disciplina_curso;
ALTER TABLE ONLY usr_escola.aluno_na_disciplina DROP CONSTRAINT
"fk_código";
```

```
ALTER  TABLE  ONLY  usr_escola.disciplina  DROP  CONSTRAINT
disciplina_cod_disciplina_requisito_fkey;
ALTER TABLE ONLY usr_escola.disciplina DROP CONSTRAINT pk_disciplina;
ALTER TABLE ONLY usr_escola.curso DROP CONSTRAINT pk_curso;
ALTER  TABLE  ONLY  usr_escola.grade_conceito  DROP  CONSTRAINT
pk_conceito;
ALTER TABLE ONLY usr_escola.aluno_na_disciplina DROP CONSTRAINT
pk_aluno_na_disciplina;
ALTER TABLE ONLY usr_escola.aluno DROP CONSTRAINT pk_aluno;
DROP VIEW usr_escola.vis_aluno;
DROP TABLE usr_escola.grade_conceito;
DROP TABLE usr_escola.disciplina_informatica;
DROP TABLE usr_escola.disciplina;
DROP TABLE usr_escola.curso;
DROP TABLE usr_escola.aluno_na_disciplina;
DROP TABLE usr_escola.aluno;
SET search_path = public, pg_catalog;
```

• Para fazer backup de uma única tabela:

```
PostgreSQL>pg_dump -t curso primeiro_banco > bkp_curso.out
PostgreSQL>more bkp_curso.out
—
— PostgreSQL database dump
—
SET client_encoding = 'LATIN1';
SET check_function_bodies = false;
SET client_min_messages = warning;

SET search_path = escola, pg_catalog;

SET default_tablespace = '';

SET default_with_oids = true;
—
— Name: curso; Type: TABLE; Schema: escola; Owner: jorge; Tablespace:
—
CREATE TABLE curso (
    codigo character(3),
    descricao character varying(40)
);
```

Dica: Você pode fazer o backup de um banco em um determinado servidor e
na mesma linha de comando recriar o banco de dados em outro servidor.

```
PostgreSQL>pg_dump -h host1 nome_do_banco_de_dados | psql -h
host2 nome_do_banco_de_dados
```

32.2 - Restore

Para restaurar um backup podemos usar o próprio programa "psql" ou o utilitário "pg_restore".

32.2.1 - Como Restaurar Backup com PSQL

O psql é usado para restaurar um backup do tipo texto.

Sintaxe: `psql nome_do_banco_de_dados < arquivo_de_entrada`

Cláusula	Descrição
Nome_do_banco_de_dados	Nome do banco de dados que receberá o backup. Este já deverá existir.
Arquivo_de_entrada	Arquivo de saída gerado pelo pg_dump.

• Para restaurar o bkp (bkp.out) em um banco de dados já existente (banco_novo).

`PostgreSQL>psql -d banco_novo -f bkp.out`

Dica: É recomendado executar o ANALYZE após restaurar o backup, para obter melhor performance.

32.2.2 - Como Restaurar Backup com PG_RESTORE

O utilitário pg_restore restaura bkp do tipo não texto(archive).

Sintaxe: `pg_restore [opções] [nome_do_arquivo]`

Cláusula	Descrição
Opções	É similar as opções do pg_dump.
Nome_do_arquivo	Especifica o arquivo não texto(archive) a ser restaurado.

• Para restaurar um bkp do tipo não texto(tar) em um banco de dados já existente.

```
PostgreSQL>pg_restore -d banco_novo bkp.tar
```

32.3 - Usando o pg_dumpall

O utilitário pg_dumpall é o utilitário usado para fazer backup de todo o database cluster.

32.3.1 - Como Fazer Backup com pg_dumpall

```
PostgreSQL>pg_dumpall > bkp.out
```

32.3.2 - Como Restaurar Backup Feito com pg_dumpall Usando pSQL

```
PostgreSQL>psql banco_novo < bkp.out
```

32.4 - Trabalhando com Grandes Volumes

32.4.1 - Como Fazer Backup com pg_dump de Grandes Volumes de Dados

```
PostgreSQL>pg_dump primeiro_banco | gzip > bkp.gz
```

ou

```
PostgreSQL>pg_dump primeiro_banco | split -b 1m - bkp2
```

Dica: A cláusula split divide a saída em várias partes. No exemplo acima dividimos em arquivos de 1 mega.

32.4.2 - Como Restaurar Grandes Volumes

```
PostgreSQL>createdb banco_novo
CREATE DATABASE
PostgreSQL>gunzip -c bkp.gz | psql banco_novo
```

ou

```
PostgreSQL>cat bkp.gz | gunzip | psql banco_novo
PostgreSQL>createdb -E LATIN1 banco_novo
CREATE DATABASE
PostgreSQL>cat bkp2* | psql banco_novo
```

33

USANDO O COMANDO COPY

Este comando pode ser usado para copiar dados de uma tabela para a saída padrão ou para um arquivo convencional, ou de um arquivo convencional para uma tabela.

O comando a seguir copia a tabela curso para a saída padrão(tela):

```
primeiro_banco=> COPY curso TO STDOUT;
Inf        Informática
Eng        Engenharia de Sistemas
Let        Letras
Dir        Direito
```

O comando seguinte copia a tabela curso para o arquivo curso_copia:

```
primeiro_banco=> COPY curso TO '/home/jorge/curso_copia' ;
```

O comando a seguir copia dados do arquivo curso_copia para a tabela curso:

```
primeiro_banco=> COPY curso FROM /home/jorge/curso_copia' ;
```

34

GERENCIANDO O ESPAÇO EM DISCO COM O COMANDO VACUUM

No PostgreSQL as atualizações e remoções de linhas são feitas logicamente, ou seja, em uma remoção a linha continua a existir fisicamente. O comando VACUUM faz a limpeza deste espaço ocupado desnecessariamente.

Sintaxe:
```
VACUUM [ FULL | FREEZE | VERBOSE ] [ table ]
        VACUUM [ FULL | FREEZE | VERBOSE ] ANALYZE [ table (
    coluna [, . . . ] ) ] ]
```

Cláusula	Descrição
FULL	Esta opção requer lock exclusivo em cada tabela. Nesta opção há uma tentativa de compactar as tabelas no menor número de blocos possível.
FREEZE	Causa, assim que possível, o "congelamento" das linhas.
VERBOSE	Habilita a exibição dos detalhes do processamento do VACUUM em cada tabela.
ANALYZE	Atualiza as estatísticas do banco de dados corrente.
table	Nome de uma específica tabela. O default são todas as tabelas do banco de dados corrente.
coluna	Nome de uma específica coluna. O default são todas as colunas da tabela.

O exemplo seguinte organiza o espaço em disco e exibe o detalhe do processo:

```
primeiro_banco=> VACUUM VERBOSE aluno;
INFO:  vacuuming "usr_escola.aluno"
INFO:  index "pk_aluno" now contains 19 row versions in 2 pages
DETAIL:  29 index row versions were removed.
0 index pages have been deleted, 0 are currently reusable.
CPU 0.00s/0.00u sec elapsed 0.04 sec.
INFO:  index "idx_nome_aluno" now contains 19 row versions in 2 pages
DETAIL:  0 index row versions were removed.
0 index pages have been deleted, 0 are currently reusable.
CPU 0.00s/0.00u sec elapsed 0.00 sec.
INFO:  "aluno": removed 42 row versions in 1 pages
DETAIL:  CPU 0.00s/0.00u sec elapsed 0.00 sec.
INFO:  "aluno": found 42 removable, 19 nonremovable row versions
in 1 pages
DETAIL:  0 dead row versions cannot be removed yet.
There were 0 unused item pointers.
0 pages are entirely empty.
CPU 0.00s/0.00u sec elapsed 0.05 sec.
VACUUM
```

O exemplo a seguir reorganiza o espaço em disco da tabela aluno_na_disciplina e atualiza suas estatísticas:

```
primeiro_banco=> VACUUM ANALYZE aluno_na_disciplina;
VACUUM
```

Dica: Você pode também gerenciar seu espaço em disco com o uso do utilitário vacuumdb que é executado no sistema operacional.

35

ANALYZE

Usado para atualizar as estatísticas do banco de dados no catálogo (tabela pg_statistic). Com esta atualização, o sgbd pode melhorar sua performance escolhendo, com mais precisão, o caminho para encontrar as informações solicitadas pelos usuários.

Sintaxe:

```
ANALYZE [VERBOSE[ [ table [ ( çoluna  [,  . . .] )  ] ]
```

Cláusula	Descrição
VERBOSE	Habilita a exibição das mensagens.
table	Nome da tabela a ser analisada.
coluna	Nome da coluna a ser analisada. O default são todas as colunas.

O comando seguinte analisa a tabela curso sem exibir o resultado:

```
primeiro_banco=> ANALYZE curso;
ANALYZE
```

O comando a seguir analisa a tabela aluno e exibe o resultado:

```
primeiro_banco=> ANALYZE VERBOSE aluno;
INFO:  analyzing "usr_escola.aluno"
INFO:  "aluno": scanned 1 of 1 pages, containing 19 live rows and
42 dead rows; 19 rows in sample, 19 estimated total rows
ANALYZE
```

36

WAL
(Write-Ahead Logging)

36.1 - Definindo o WAL

É o registro sequencial dos logs de cada troca feita nos arquivos de dados do banco de dados (transações), que possibilita reduzir o número de gravações de página de dados no disco.

36.2 - Benefícios do WAL

Minimiza o número de escritas em disco, uma vez que na hora em que a transação é efetivada somente precisa ser descarregado em disco o arquivo de registro, em vez de todos os arquivos de dados modificados pela transação.

As alterações feitas no banco de dados são registradas seqüencialmente e, portanto, o custo de sincronizar o registro é muito menor do que o custo de descarregar as páginas de dados.

Garante a recuperção do banco de dados a um estado consistente, após uma falha de hardware ou de sistema operacional.

Este também oferece suporte ao backup on-line e para PITR (point-in-time recovery).

ANOTAÇÕES

Impressão e acabamento
Gráfica da Editora Ciência Moderna Ltda.
Tel: (21) 2201-6662